「かわいい」の世界　ザ・パワー・オブ・キュート　目次

THE POWER OF

サイモン・メイ
Simon May
吉嶺英美訳

「かわいい」の世界
ザ・パワー・オブ・キュート

CUTE

青土社

「かわいい」の世界　ザ・パワー・オブ・キュート

To Mimi, guru of Cute

はじめに

このコンパクトな一冊では、私たちの周囲にあふれているもの、けれど哲学的観点ではほとんど語られてこなかった感性とスタイルについて考察したいと思う。とはいっても、〈キュート〉の趣味の良し悪しを問うつもりはないし、ましてやキュートのメリット、デメリットを語るつもりもない[★1]（私自身、キュートなものでも強烈に惹かれるものと、まったく受けつけないものがある）。むしろ本書では、次の点について考えていきたい。そもそも私たちはキュートに好意的なのか、批判的なのか。キュートを平凡と見ているのか、魅力的と見ているのか、変態的それとも無害と思っているのか。キュートへの熱狂の本質は何なのか。第二次世界大戦以後、特にアメリカと日本でこれほどまでにキュートがもてはやされ、蔓延したのはなぜなのか。

キュートについては、一般に言われているよりもっと広い意味で捉えるべきだと私は考えている。キュートとはたんに愛らし《スウィート》くて、か弱そうな人やものを指すだけではない。その〈愛らしさ〉（柔らかくて無害で純真、そして無邪気な魅力があり、複雑さはなく、たいては小さい）が、不気味で曖昧な存在（子どもで大人、男性的で女性的、人間なのに人間でなく、なじみがあるのになじみがなく、無力でパワフル、無知なのに物知りな存在）、さらには怪物のような存在になったときに起こる現象もまた、キュートなのだ。ただ肝心なのは、そこにはつねに愉快さがなければならないということ。そして多くの場合、そこには不真面目さも不可欠だ。

キュートという言葉はよく使われているし、その意味も明白だが、実際の意味は予想以上に豊かで、定義も難しい。そこで私はスーザン・ソンタグの『キャンプについてのノート』やハリー・フランクファートのエッセイ、『ウンコな議論』の手法を参考に、キュートの意味を紐解いていきたいと思う。つまり検討対象の現象を、それに隣接する現象と明確に区別することで定義していくというアプローチだ。そこで私も、〈キュート〉が〈愛らしさ《スウィート》〉や〈キッチュ〉とどう違うかを明らかにしながら、議論を進めていこうと思う。このアプローチは、〈へりくつ〉が嘘やふかしとどう違うかを追求したフランクファートと同じ手法で、もしソンタグがあのノートを一〇年か二〇年遅く書いていたら、きっと彼女も〈キャンプ〉が〈クール〉や〈ばかばかしい《ゼイニー》〉とどう違うかを論じていただろう。

だが私の目的は、キュートを定義し、人やものがキュートに見える理由を突き止め、キュートな体験の特徴を明らかにすることだけではない。キュートという感性やそのスタイル、雰囲気、そしてキュートが表現する個性を紐解くことで、今の時代と文化のどんな顔が見えてくるのかを知りたいと思っている。言い換えれば、私たちの時代の何がキュートをここまで台頭させたのか、そしてキュートをどう使えば、今の時代精神を探ることができるのかを突き止めていきたい。

モンテスキューによれば、フランス人はばかげたことを大真面目に、真面目なことをばかばかしく語る技術に長けているという[★2]。もし、私が「フランス人」になりきり、そのどちらかいっぽうだけでも本書で達成できたとしたら、それは望外の喜びである。

第1章　大衆を誘惑する武器としての〈キュート〉

〈キュート〉はいまや世界を席巻している。でも、どうして？　それもなぜ今、この時代に、これほど爆発的に蔓延しているのか？

キュートなんて平凡すぎて注目する気にもならない、ましてや研究対象にする価値などあるはずもないと考える人もいるだろう。また、キュートという言葉がその対象に押しつける陳腐なか弱さや、そのか弱さを喜ぶ感覚が屈折しすぎていて、まともにとりあう気にもならないと思う人もいるはずだ。だとしたら、猫の女の子の姿をしたハローキティやポケモンのピカチュウ、ひょろひょろの手足を持つ小柄なE.T.、お世辞にもかわいいとは言えないキャベツ畑人形、第二次世界大戦後に不思議な進化を遂げたミッキーマウスといった、取るに足らないものについて論じても何の意味もないことになる。だがもしかしたら、私たちはあまりにもキュートに慣れすぎてしまい、その普遍性に気づいていないのかもしれない。年齢も職業も関係なく、誰もが喜々として利用する絵文字や、〝グーグル〟のように響きがキュートな無数のブランドネームに四六時中囲まれているせいで、私たちはそこにある普遍性に気づいていないのではないだろうか（ちなみに〝アップル〟のロゴは、アップルの商品が人々にもたらした自由と、エデンの園で禁断の果実を齧った反逆的行為の両方が見事に組み合わされている）。また、世界的なキュートの蔓延とその意味、そして次々と登場するキュートな流行り物について論じた文献が少ないのも、そのあたりに理由があるのかもしれない。そう、私たちはなぜか、不思議なほどキュートに無関心だ。

けれどもしキュートが、現代社会の主要なニーズや感性を表現しているのだとしたらどうだろう？　その浅はかさが、ニーチェがギリシャ人について語ったような、本当は深みのある浅はかさだったとしたら？★1　無力さや無垢を象徴するだけでなく、力についての一般的な価値観――そして力を持つ者と持たざる者についての大前提――を弄び、嘲笑い、皮肉っているのだとしたらどうだろうか？　キュートは、その無害さ、無邪気さ、愛らしさで、危険に満ちた冷酷な世界に住む私たちを癒してくれる（少なくともそんなふうに見える）。だが、もしキュートの魅力がそれだけではない——たしかにキュートなキャラクターには姿かたちがいびつなものや醜いものも多い——としたら？ もっと豊かでリアルな何か、ふざけた調子でいながら、曖昧さや危険、不気味さ、不完全さ、抜け目のなさを感じさせる何かをキュートが表現しているのだとしたらどうだろうか？ キュートの陽気でふざけた空気は、明快と曖昧、健全と異常、無邪気と老練の境界線を曖昧にし、いかにも人間くさい不確定性を生み出すが、もしそれがこのキュートの大人気のいちばんの理由だとしたらどうだろう？

さらにもし、キュートのこの爆発的流行が、現代の西欧で大きく発展した〈子ども崇拝〉を反映しているのだとしたら？ かつて至上の愛、すなわち人間が生きていくうえで必要不可欠、それなしでは完全な人生も最大限の幸せも望めない典型的な愛と言えば、それは恋愛における愛だった。しかしその座は徐々に子どもへの愛に奪われていき、いまや子どもこそが至上の愛の対象となっている。そしてこの交代劇に伴い、幼年期の重要性も増し、いまや幼年期は、新たな聖地とみなされるようになった。だがこの聖地は、社会的にも、時期的にも、最も冒瀆が横行する場所だ。

後に詳しく述べるが、キュートの台頭と幼年期が重視されるようになった時期はどちらも一九世紀半ばからで、第二次世界大戦後には、その両方が足並みをそろえて加速していった。しかしだからといって、幼年期に戻りたい、想像上の安全で単純な世界に戻りたいという衝動がキュートへの熱狂を突き動かす唯一の、または主要な原動力だったわけではないし、キュート・ブームの動機や目的が必ずしも幼稚なものだったわけでもない。

また、キュートが大人と子どもの境界線の喪失を意味していないかどうかも確認しておく必要がある。というのも最近では、幼年期の経験がその後の人生における感情や選択、行動を左右するため、成人期の重要なことがらはすべて幼年期の経験によって決まる、という考え方が強まっているように見えるからだ。だが現状はまったく逆で、現代は大人側の世界——特に自己表現や信頼性やセクシュアリティに関することがら――のほうが、子どもの世界に浸透してきているように見える。

＊

キュートなものは、苛烈な競争や急激な変化によって仕事やコミュニティやアイデンティティが一夜にして奪われるかもしれない、という現代社会に住む私たちの不安をつかのま忘れさせてくれる子どもっぽい気晴らしだ。だが、たんにそれだけではないと私は考える。私たちは今、一度に対処するにはその数も規模も大きすぎる恐怖や怒り、不満、歴史的不正のるつぼに頭から突っ込んでいくかのような時代に生きているが、そんな私たちに安心と信頼に基づいた親密さを運んできてくれるのがキュートだ。だが、キュートなものの役割はそれだけではない。たしかに彼らは冷酷非情な商業主義の権化だし、気ままで空虚で自由な世界へ逃避したり、血の通わない人工物を人格化したりする手段でもあり、ステレオタイプな無垢――特に若い女性の無垢――を投影する対象でもある。だが、決してそれがすべてというわけではない。もちろんキュートはそのような役割を果たすことができるし、そのせいで多くの非難を集めてきた。また、他の多くの感性——美徳や食欲、美学、善、神々など——がそうであるように、キュートも好ましくない目的に利用されることはあるし、その動機が不信や自己満足、権力欲や暴力にまみれることもある。だが、それはいずれも、キュート本来の特性ではない。

言ってみればキュートは、私たちの時代がすべての存在——それが生物か非生物かに関係なく——の中核に感じている曖昧さ、不確実性、不気味さ、そして継続的な流れ、すなわち〈生成〉を茶化した表現なのだ。絶えず変化する様式と、その様式を具現化した物体から生まれる極めて短命なもの、そして持続的な重要性などいっさいない儚いもの、それがキュートだ。またキュートは、不確定性が一定のレベルを超えると不穏になるという事実を巧みに利用し、それを魅力的なものに変容させる。不穏になるはずの現実を、おおらかなスタイルでさりげなく、チャーミングに、そして脅威にならない方法で魅力的なものに変えるのだ。キュートが表現するのは、人生には確固たる基盤もなければ、永遠に続く安定した〝存在〟もないという直感的洞察、ハイデッガーが語った、生きる根拠とはそこに根拠などないことを受け入れること、という洞察だ。[2] そして多くの場合、キュートはそれを〈人工と誇張〉[3]によって実践する。〈不真面目さ〉[4]あるいは、真面目さの失敗というかたちで表現されるこの〈人工と誇張〉は、スーザン・ソンタグが〈キャンプ〉という感性の特質として挙げたものだ。

キュートにみなぎるこの〝捉えどころのなさ〟――幼年期と成人期のように、かつては明確に区別されていた二つの領域を分ける境界線の崩壊――は、両性具有や性別不明の場合も多いキュートなキャラクターの性別の曖昧さにもよく表れている（E.T.や、ジェフ・クーンズの《バルーン・ドッグ》も性別は不明だ）。またキュートなキャラクターには、人間と非人間が融合したものや、年齢不詳なもの、さらには子どもっぽいけれど子どもと断言しきれないものも多い。E.T.にしてもその年齢は不詳で、年寄りに見えないこともないが、人間として見れば若いようにも、老人のようにも見える（E.T.の皺だらけの肌は「新生児の肌にも、老人の肌にも見える」[5]）。

キュートはこうやって、もはや昔のような二分法では成り立たない今の時代に順応しているのだ。かつて世界は、男らしさ／女らしさ、性的／非性的、大人／子ども、存在／生成、一時的／永遠、肉体／精神、絶対的／条件つき、善／悪といった二分法で成り立っていた。けれど時代が変わった今、その境界は昔ほど厳格ではなくなり、例外も増えてきている。

さらに、不確定性を好むキュートは、誠実さや偽りのなさこそが重要と考える現代の誠実性崇拝《カルト》とも相性が悪い。一八世紀に始まったこの誠実性崇拝は、人間にはそれぞれ自分を自分たらしめる自己――信念、感情、欲求、嗜好といった一連の信念――があり、自分が自己を忠実に表現しているかどうかは、それぞれが明確に把握、認識できるとしている。つまり、自分が誠実かつ正直でいれば、それは他者だけでなく自分自身にもちゃんとわかる――そして、それをコントロールできる――というのだ。しかし後で詳しく述べるが、キュートは、この誠実性崇拝の常識から大きく逸脱している。

さらにキュートは、権力欲に乗っ取られることはあっても、もし権力側が上下関係を押しつけようとしてくれば、それをきっぱり拒む意志を見せることができる。またたとえきっぱり拒まなくても、本当に力を持っているのは誰で、その目的は何なのかについての私たちの思い込みに、疑問を投げかけることができる。それこそが、キュートが明確に伝える意志なのだ。では、なぜそんなことができるのか？それはキュートという感性がつねに、弱いもの、あるいは脆弱さを誇示したり弄んだりするものとの関係性にまつわるものだからだ。そう、キュートが明確に示すのは、権力の枠組みから解放されたいという意志であり、おそらく多くの人（特に西欧人と日本人、だがたぶん一般の中国人たちも）はそれを、一世紀以上にわたって続いた前代未聞の残虐行為に対する対抗手段と考えるだろう。

もしそうだとしたら、キュートは今の時代精神から気を紛らわす軽い気晴らしどころか、時代精神そのものを表すパワフルな表現ということにはならないだろうか？

＊

今、私たちがここで論じているのは、すでに世界や私たちの想像力の大部分を占拠し、それでもまだ拡大を続けるキュートという現象だ。この現象の中心はカリフォルニアと東京圏だが、いまやその存在感は中国（もちろん香港も含む）――中国はいずれ日本やアメリカを押しのけキュートの世界的発信地となるかもしれない――だけでなく、タイやシンガポール、台湾など東南アジア各地にも広がり、ヨーロッパ諸国でもその熱は高まってきている。広告や消費財、企業名、ロゴ――もちろん、現代アートは言うまでもない――は、キュートの先鋭的な魅力や自意識過剰気味の無邪気さ、わざとらしいいたずらっぽさ、自らを皮肉る姿、そして厳しい現実と美しい理想の両方を拒むかのようなその微妙な表情を巧みに利用している。キュートなロゴは、コンピュータから電話、銃、食品、オモチャ、カレンダー、ストッキング、航空機、コンドーム、さらにはコンタクトレンズまで、ありとあらゆる商品の商標に利用できるし、実際にそうやって使われてきた。なんとレディ・ガガまでもが、派手なハローキティの衣装で撮影現場に現れるほどだ。

また、キュートの精神を完璧に表現したジェフ・クーンズのあの《バルーン・ドッグ》は、キュートがたんにかわいらしいだけではなく、ダークで曖昧で、得体のしれないものにもなれるということを雄弁に物語っている。[★6]《バルーン・ドッグ

図 1.1　ジェフ・クーンズ《バルーン・ドッグ》（レッド）（1994-2000）
©Jeff Koons　写真提供：AFP/Getty

（レッド）》は力強くも見えれば（ステンレス製だ）、非力（顔も口も目もなく、〝バルーン〟は空洞）にも見え、その〝無邪気〟さは憂鬱そうだ。さらに退屈そうなところは魅力的でもあり、脆弱そうな外見もその巨大なサイズで相殺されている（図1・1）。

バンビやポケモン、E.T.、ハローキティ、ソー・シャイ・シェリ（ベビーフェイスの女の子の人形）など世界的にヒットしたキャラクター、村上隆、奈良美智、ジェフ・クーンズ、マーク・ライデン、ブレヒト・イーヴンスといったアーティストたち、さらには絵文字をはじめとするキュートな自己表現のためのさまざまなツール——このすべてが、私たちの時代に独特の力で語りかけてくる。それも語りかける相手は若者たちだけに限らず、エンジニアから政治家、投資マネージャー、医師、マスコミを賑わすセレブまで、男女の別もなければ、職業の区別もない。ハローキティのコア消費者は一八歳から四〇歳の女性だが、その職業の幅はパフォーマンス・アーティストからパンク・ロッカー、ウォールストリートの銀行家、ポルノ女優まで驚くほど広い。[★7] たとえばハローキティは、ニューヨークからミラノ、東京に至るまで、世界中の高級ファッションブランドのコレクションに採用されているし、キュートなものを専門に扱う無数のウェブサイトでは、愛くるしい赤ちゃんや子犬、ホッキョクグマのキャラクターに何百万人もの成人男女がとろけそうな歓声を上げている。またワシントンＤＣでは、スミソニアン国立動物園で生まれたパンダの赤ちゃんが一躍スターとなり、パンダを見るためのチケット一万三〇〇〇枚は二時間で完売。チケットを買えなかった多くのファンが、氷点下の寒さのなかで順番待ちの列を作った。そしてその直後には、恐ろしくキュートな皇帝ペンギンの映画が大ヒットし、ドキュメンタリー映画史上最高の興行収入を記録した。[★8] さらにベルリンのホッキョクグマ、〝キュートなクヌート〟には、一夜にして何億人ものファンが世界中で生まれた。そして二〇一一年のはじめには、大きな白黒の目がピンク色の鼻先に寄った寄り目のフクロネズミ、ハイジがドイツの新聞の一面を飾り、〝アラブの春〟（のちにチュニジアとエジプトへも波及した世界史的大事件）にも負けない注目を集めた。

＊

しかしこういった実例を見ていくと、キュートの本質とはすなわち、たよりなさげな無力さとつけこまれやすい脆弱さだ、という的外れな議論になりがちだ。また、他のアジア地域ではそれほどではなくても、日本や西欧では、このような議論はキュートへの批判につながっていく。キュートは見る人を幼児化する（あるいは、キュートは子ども扱いされたいという意志の表れ、すなわち徹底的にシンプルで、しっかりと保護された架空の子どものような存在へ退行したいという意志の表れ）と叩かれ、憐れみと喜びが一緒になった下品な感情をかき立てる、見る人を保護意識とサディズムの両方に誘い込むと批判され、さらにはその性的な美学も非難されるのだ。なんと、隆盛を極める大量消費文化への従属――そして大量消費の促進――とまで言われるほどだ。

たしかにそれがキュートに対する一般的な見方だ。シアン・ナイも彼女の画期的なエッセイで、キュートとは「なじみがあり、脅迫的ではないとわかっているものとのあいだに、親密で感覚的な関係を結びたいという欲求」から生まれた「無力さの美化」であり、「弱さへの情緒的反応」と書いている。しかし弱さへの情緒的な反応は、残酷なもの、歪んだものへと変容しやすく、それがまた、暴力は「私たちとキュートなものとの関係につねに内包されている」[9]とナイが指摘する理由のひとつとなっている。

クリスティン・ヤノは、日本からアメリカへと太平洋を渡ったハローキティの軌跡を追った著書のなかでキュートを「無垢、遊び心、あどけなさ、屈託のない魅力、それに何といっても強い商品力をそなえた」[10]ものと言っているが、同時に「ショッピングモールで買えるようなおよそ個性にかける代物」[11]と批判する人々の声も紹介している。ゲイリー・クロスはキュートを「驚くべき無垢」[12]と呼び、ナタリー・アンジェは、「人はキュートなものを見れば、安易に、そして無差別に反応してしまう。だからその衝動が怪しげに思え、自分は搾取されている、騙されているという怒りが優先されてしまうのだ」[13]と語った美術哲学者、デニス・ダットンの嘆きの声に言及している。また、シャロン・キンセラは、「日本のキュートなものたち」を論じるなかで、〈カワイイ〉(キュートとほぼ同じ意味の日本語)の蔓延は、「幼児的言動の流行」[14]の反映だとしている。さらにダニエル・ハリスは広く引用されている自身の評論で、キュートを「小児めいた言動を崇める時代遅れの宗教」と呼び、子どもに対する親の態度を支配してきたのが、このキュートだと激しく批判している。つまりキュートは、無邪気さや善良さなど「私たちが子どもに求める」要素が詰め込まれた「ポータブル・ユートピア」であり、子どもたちは「(自分自身が)キュートでいるだけでなく、他者のキュートさも認識して楽しむ、という役者と観客の二役を演じる」よう強いられているというのだ。「なぜならキュートは、不幸や無力やいびつさを美化するから」であり、「ほとんどの場合、そこにはキュートの作り手側のサディズム的行為が伴い、作り手は無意識のうちに、崇拝の対象を不完全な身体でよたよた歩く滑稽な存在にしようとする」[★15]と彼は言う。

　さらにハリスは、「キュートな世界観とは、人間ではないものに人間の特性を押しつける一種の壮大な人間優越主義」とも指摘している。たとえば子ども用の本は、「犬や猫、熊、豚に(……)人間の衣服や外見」を押しつけている。つまり「キュートのナルシシズム」とは、「キュートの観点で見る自然界であり、それは自然がいっさいいない世界、すなわち〝異質さ〟を排除し、人間ではないものを徹底的に抑圧し、自分たちと違う異質なものはたとえそれがわが子でも許さない世界」なのだ。

キュートは「最終的にはその犠牲者の人間性を奪って無力化し、無意識、もしくはほとんど意識のないものにしてしまう[★16]」とハリスは言う。

これはなかなか手厳しい見方だ。だが、人間関係——子どもとクマのぬいぐるみの関係も含まれる——はあくまで力関係で理解すべき、という現代ではほぼ常識化した考え（ニーチェやフーコーなど、近代の哲学者たちによって発展し、今ではもう問い直す必要もない哲学的考え方）は横に置いておくとしても、キュートに子育てや自己犠牲の本能を育むという利点があることは、キュート批判の急先鋒に立つ人々も認めざるをえないだろう。

次の章では、動物行動学者、コンラート・ローレンツの画期的な研究について紹介するが、そこから生まれた学派の研究者たちはキュートを、子育てや自己犠牲の本能を目覚めさせる重要なトリガーと考えている。たとえば文化理論の研究者、ジョシュア・ポール・デールは「キュートさとは基本的には他者へのアピール、すなわち社交性への誘い」であり、それに反応することで人は「自分がすでにかわいらしく親密な人々の輪に引き込まれていることに気づく[★17]」のだと言う。さらに社会心理学者のゲイリー・シャーマンとジョナサン・ハイトは、キュートなものへの反応を、卓越した「道徳的感情」とまで言っている。つまり、キュートなものに対する反応は「人間の社交的行動を誘発する直接的な解発因《リリーサー》」であり、これによって私たちはキュートな存在を自分たちの道徳的関心領域——その存在の幸福が気にかかる領域——に引き入れる。そしてこの道徳的関心があって初めて「他者や動物への思いやり、利他主義、社会性のある行動[★18]」は最大化されるというのだ。

他の多くのこと同様、キュートに関しても、たんに叩くだけ——特に西欧ではこの傾向が強い——では洞察は深まらないし、見えるものも見えなくなる。そこで、キュートの大流行を批判したいという思いはいったん抑え、この興味深い現象とその現象が今日の世界で果たしている役割について考えていくこととしよう。

第2章　エデンの園でギョッとする

一見すると、キュートはたんに無邪気さに満ちた世界を想起させるだけのものに思える。そこでは、幼げなものたちが見る人の心に、庇護したいという気持ちをかき立て、見ている側はその甘やかな気持ちに満足と慰めを覚えるのだ。そんなキュートという感覚を引き起こすきっかけ、いわゆる〝キュートのシグナル〟となるのが、無力で無害、そしてチャーミングで従順なふるまいと、大きな頭や突き出たおでこ、丸い大きな目、引っ込んだ顎、不恰好な歩き方といった身体的特徴だ。

動物行動学の大家、コンラート・ローレンツが一九四三年に指摘したように、おそらくこのようなキュートのシグナルに対する私たちの反応は、子育てに必要な思いやりや愛情を子どもに注ぐ動機づけとして進化したのだろう。[★1] ローレンツによれば、それは私たちが進化の過程で先祖から受け継いできた反応であり、人間の大人には元来それが備わっているという。そしてそのような視覚的シグナル、それも誇張されたシグナルを持ってさえいれば、それが鳥や犬などの動物でも、人形やぬいぐるみといった生物の代用品でも、私たちは人間の子どもに感じるのと同じくらい、あるいはそれ以上に強く、庇護したい、世話をしたいという感情を覚えるというのだ。だから私たちは、図2・1の左列にあるような丸っこく、柔らかな輪郭を見ると自然に、かわいがったり、抱きしめたり、それについてあれこれ話したくなる。いっぽう、右列にある角張った頭には、何も感じない。

つまり、このような形態学的、行動学的特徴さえ備えていれば、たとえ人間や動物に似ていなくても、私たちはそれをキュートと感じるのだ。そんな私たちのキュートへの熱狂のベースにあるのは、育てたいという衝動、あるいは無力で無邪気なものたちのいる心休まる世界に逃避したい、安全や単純さに満ちた世界に避難したいという逃避衝動だ。そのような無力な存在を見れば、人は自然と世話をしたい、守ってやりたいという気持ちを覚える。だが同時に、脆弱で無力なものを支配

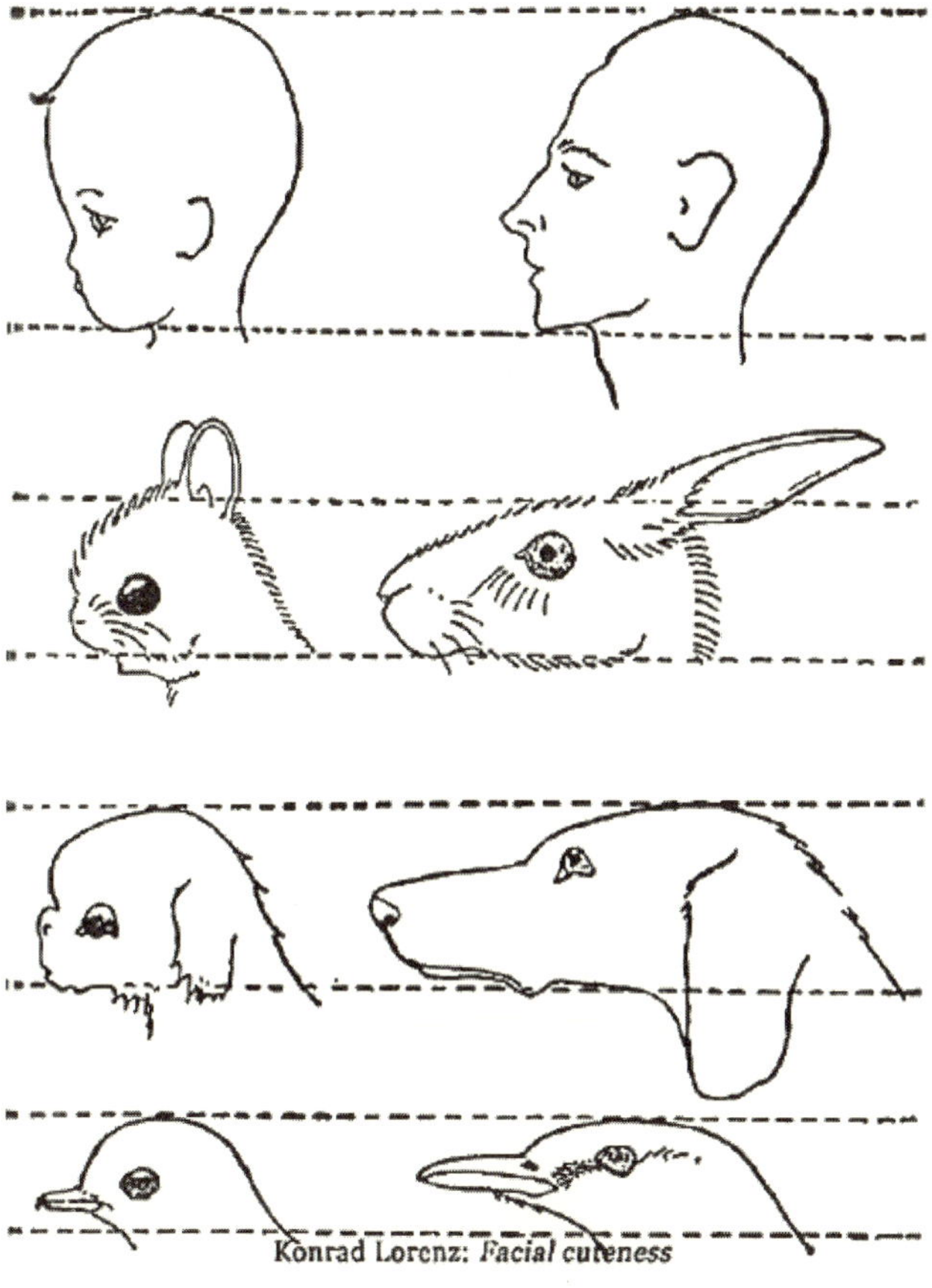

図 2.1　コンラート・ローレンツによれば、世話をしたいという反応を引き起こす特徴（キュートのきっかけ）はさまざまな生物で共通しているという。『Studies in Animal and Human Behaviour, Vol.2』trans. Robert Martin（Cambridge, Mass.: Harvard University Press）, copyright ©1971 by Konrad Lorenz

したいという欲求や、サディスティックな衝動が生まれることもある。つまり無力な存在は、庇護の気持ちと邪悪さ、そしてこの二つのフェティシズム的組み合わせをかき立てるのだ。

どちらにしても、そこで私たちが感じるのは繭のなかにいるような安心感だ。予測不能で、暴力的なことも多い日々の暮らしや、ほとんどコントロールが利かない運命に翻弄されている私たちも、このときだけは無力感から解放された大きな喜びに浸ることができる。私たちが求めてやまないもの、それはなじみのある閉ざされた空間がもたらす安心と単純さだ。自分でコントロールでき、無垢なものしか存在しない空間、善良で優しく、強欲も冷笑もなく、残忍さも憎しみも、凶暴さも持たないものだけが住む空間がもたらす安心と単純さを、私たちは求めているのだ。

＊

しかし、キュートのスペクトルの幅はおそろしく広く、この無力で無害で魅力的な世界は、その一端にすぎない。だからそこだけを見ていても、キュートのスペクトルを移動していくうちに見えはじめ、反対の端に着いたときに完全にその姿を現す、曖昧で厄介、そしてとても一筋縄ではいかないキュートの世界を理解することはできない。

矛盾もなければ複雑さもなく、完全に無垢で従順、そして甘ったれた存在を連想させる魅力的な特質を、私たちは「愛らしい《スウィート》」――フランス語ではmignon（ミニョン）、ドイツ語ではSuss（ズース）――と呼ぶ。毛糸玉にじゃれる子猫も、「膝にえくぼがあり、真ん丸な顔と大きな目をした、シミひとつない肌[★2]」を持つ赤ちゃんも、柔らかな毛並みと優しい目を持つ垂れ耳の子犬もみな、愛らしい存在だ（図2・2）。

しかし、キュートのスペクトルのいちばん端にあるこの純粋な愛らしさから離れていくにつれ、その愛らしさの質や、愛らしさが全体に占める割合は変わっていく。愛らしいだけだったキュートは徐々に、危険で捉えどころがなく、孤独で狡猾なキュート、さらには脅迫的で抜け目がなく、不安げで不条理、そしてしぶといキュートへと変容して――またはそのような色を帯びて――いくのだ。つまり、痛烈さや不気味さが徐々に増していき、それが愛らしさの特性である明るさやのびやかさ、親し

図 2.2 「キュート」スペクトルの、純粋に「愛らしい」側の末端。Wikimedia Commons, Ron Clausen によりアップロード

みやすさ、健全さ、手軽さ、屈託のなさ、脆弱さに徐々にしみこんでいくのである。その結果キュートは、無知でありながら抜け目がなく、完璧な姿でありながらいびつ、なじみがあるのになじみがなく、癒されるのに居心地が悪く、親しいけれど触れることができず、無味乾燥なのにけばけばしいものになっていく。それも、そのすべてがふざけ半分な調子であるため、見ている側の私たちは、一見、矛盾して見えるこれらの特徴が、

緊張関係にあるのか調和しているのかさえわからない。

これこそが従来のキュートの概念、すなわちキュートとは無邪気で楽しく善良で、無力なだけ、と考えてきた人たちがこれまで見過ごしてきた世界だ。それは、なじみのある安心感に満ちた世界というだけでなく、なじみのない恐ろしい世界でもある。またそこには、なじみがあるものとないもの、脅迫的なものと脅迫的ではないもの、出しゃばりなものと遠慮がちなもの、目に見えるものと目に見えないものといった相反する特性同士の対話も関わってくる。私が、キュートのスペクトルの一端にあるキュート、すなわち〈不気味なキュート〉を大人と六歳より上の子ども向けのキュートと呼び、愛らしい側のキュートを、幼児を含むすべての年齢層向けのキュートと呼ぶのもそのせいだ。幼児は不気味なキュートを理解できないし、そもそも彼らにそんなキュートは必要ない。幼子が求めるのは、ふかふかしたお腹と四本の足、そしてボタンのように大きな目を持つテディベアであって、口もなければ声も指もなく、小さな丸い目と鼻があるだけのハローキティではないのだ。

寄り目のフクロネズミ、ハイジが人気を博したのは、ハイジが非常に愛らしい有袋類だったからだが、同時に、彼女がせつないほどに脆弱で無防備だったからでもある。そう、ハイジの無垢には、一抹のおぞましさがあったのだ。地球外生物のE.T.の場合、その球根のような頭やギョロリとした大きな目、生き生きとしたふるまいは子どもっぽく見えるが、皺くちゃの皮膚やひょろひょろの手足、あまたの苦難を経てきたかに見える外見はかなりの年寄りにも見える。★3 また、ダニエル・ハリスが言うように、クマのプーさんがいちばん魅力的に見えるのは鼻先が蜂蜜の壺にはまっているときだし、ディズニーの『101匹わんちゃん』の子犬たちもいちばんかわいいのは「氷の上で足をすべらせ、ぺしゃんと腹ばいに転んでいる」姿だ。そして脚を怪我したテディベアのリトル・マットは、脚にギプスをしている姿が最もキュートに見えるようデザインされている。また、一九八〇年代にアメリカで大ブームを巻き起こしたキャベツ畑人形――『ニューヨーク・タイムズ』紙は「なぜかアメリカ中が虜になった不細工な人形」と評した――はたしかに不細工だったが、あれほどの大ブームになったのはその不細工さのおかげだし、足首が太く、異常に内股の人形、ソー・シャイ・シェリがあそこまで人々から愛されたのも、その

理由は彼女の〝解剖学的に最悪な体型〟にある。[★4]

だが、私たちがキュートの虜になるのは、そのような醜さや不完全さのせいではない。完璧であるはずのエデンの園でそんな醜さや不完全さに出くわすから、私たちは虜になるのだ。

＊

ここで、愛らしいだけではないすべてのキュートの本質とその催眠術的パワーの鍵、すなわち見る者を翻弄する不確定性について考えてみたい。この不確定性は、ためらいがちな不確定性ではなく、自らの本質すべてを恥じらうことなく、明るく、そして自虐的にさらす、屈託のない不確定性だ。この不確定性によって、E.T.や《バルーン・ドッグ》のグロテスクさ――私たちには奇妙に変形して見える――はチャーミングになり、チャーミングさはグロテスクになり、この不確定性によって〈危険性〉はやわらぎ、〈安全性〉は高まる。そしてその結果、グロテスクさもチャーミングさも、また、危険性も安全性も、それほどリアルには感じられなくなるのだ。また、なじみのないものに、なじみのないものをなじみのあるものをなじみのあるものにすることで、ジークムント・フロイトの言う強烈な不気味さを作り出すのも、この不確定性だ。[★5] この不気味な感覚については後で述べるが、たしかにE.T.を見ていると、愛らしい特徴も一定の境界を越えると不気味さに変わる、というコンラート・ローレンツの言葉がよくわかる。ローレンツはその境界を、キューピー人形を例にとって説明し、「キューピーの頭と顔のバランスは、見る人の感想が〝愛らしい赤ちゃん〟から〝不気味なモンスター〟に変わるギリギリまで誇張されている」と言っている[★6]（図2・3）。

したがって、キュートなものに対する反応を、なじみのある、脅迫的ではないものによって引き起こされる反応とだけ定義してしまうと、例のスペクトルの愛らしい側しか見ないことになる。また、なじみのあるものにしかキュートさを感じず、そのパワーも私たちが求める程度のものでしかなかったら、キュートにはそれほどの威力もないことになる。だが、E.T.やハローキティ、《バルーン・ドッグ》といった多くの例からもわかるように、キュートの魅力は、なじみのあるもの／なじ

図 2.3 『E.T.』（1982）。AF archive / Alamy Stock Photo

みのないもの、居心地のよさ／居心地の悪さ、明るさ／暗さ、喜び／悲しみ、無害／脅威、調和／不協和音、成形／いびつ、無邪気／賢明、不足／自己充足、脆弱さ／粘り強さ、架空／実在、そして人間的／非人間的（または思いやり／冷酷さ）のあいだを気まぐれに行ったり来たりするところ、それもこの二項対立の緊張を緩和しようともせずに行ったり来たりするところにある。

ここで重要なのは、キュートがそれをいとも軽やかにやってのけるという点だ。真面目くさった空気——深刻さや羞恥心、尊大さ、怒り、糾弾、非難、そしてそれに伴う不快感——は、キュートを一瞬でぶち壊し、私たちがキュートなものに抱く溺愛感情をいっぺんに嫌悪感へと変えてしまう。だから、たとえキュートなものが無生物、あるいは完全に受け身の存在に見えても、それがいちばんキュートに見えるのはやはり死んだふりをしているときだ。そう、キュートが最もその力を発揮するのは、その歪みやいびつさにひょうきんさがあるときなのだ。のんきなユーモアや奇抜さ、ひょうきんさ——こういった要素が、キュートに独特のリアルな魅力をもたらすのである。

第3章　不確定性原理としてのキュート

古代の昔から、アンビバレントなもの、すなわち両義性のあるものは人を惹きつけ、それと同時に落ち着かない気持ちにもさせてきた。いや、落ち着かない気持ちになるからこそ、人はそれに魅了されてきたとも言える。常識的なカテゴリーからの逸脱は、決して現代またはポストモダンの精神の専売特許というわけではないのだ。

古くからある、そんなアンビバレントなもののひとつが両性具有者だ。彼らは神話でも中心的な役割を果たすことが多いが、たいていは自然の秩序を壊す邪悪な存在として登場する。たとえば帝政ローマ時代の詩人、オウィディウスは、ヘルメース（盗みが得意な、神々の伝令）とアプロディーテー（愛の女神）の息子で、一〇代の若き神、ヘルマプロディートスの物語を語っているが、これは魔の泉のほとりで水のニンフ、サルマキスの誘惑を拒んだせいで、身体の半分が女性に変わってしまったという物語だ。ヘルマプロディートスをどうしてもわがものにしたかったサルマキスは、どうか自分たちの身体を永遠にひとつにしてほしいと神々に祈ると、彼が泳いでいた泉に飛び込んだ。そして二人の身体がひとつになるまでしがみついた結果、ヘルマプロディートスは「男女のどちらでもなく、男女のどちらでもある」身体になってしまったのだ。このアンビバレントな状態が永遠に続くと知った彼は、両親に、今後、あの泉で泳ぐ男全員を自分と同じ身体にしてほしいと懇願し、ヘルメースとアプロディーテーは「半陰陽となった息子の願いを聞き届け、その泉の水に呪いをかけた」とオウィディウスは語っている。★1

現代のキュートの多くがそうであるように、このオウィディウスの物語が描いているのも、苦悩する無力で不確定な存在と、一般的なカテゴリーからはずれた不気味さに魅かれる、時代を超越した人間の性《さが》だ。

＊

第二次世界大戦が終わって以来――特に西欧では一九六〇年代、日本では一九七〇年代から――、キュートは人々の心をわしづかみにしてきた。だが、遠い過去の時代の人々が現代のキュートを見て、今の私たちと同じくらいそれに心を奪われるだろうか？　たとえば、紀元前二世紀のローマ帝国や、一五世紀のルネサンス時代のフィレンツェ、ロココ様式全盛の一八世紀のベニスでも、プット（ルネサンス期の装飾的な絵画・彫刻によくある、キューピッドなどの裸の子どもの像）や小動物や幼い子どもは、現在、キュートと呼ばれているのと同様の感情や批判を人々のなかに呼び起こしていたのだろうか？　もしその時代に、現在のキュートの特徴を備えた人やものが存在していたら、キュートは独立した感性として認識され、その感性を表現する言葉も生まれていただろうか？

第9章でも述べるが、キュートは古代の感性である〈モンスター性〉の新たな表現、すなわち不気味な雑種を意味する古代の比喩を今風に言い換えた表現だ。モンスター性の別の表現、もしくはごく近い表現としては〈グロテスク〉や〈ファンタスティック〉があるが、こちらは一六世紀イタリアの建築家で美術史家のヴァザーリによって「非常に不合理でみだら」[★2]と定義され、イタリアのルネサンス期以降、独立した感性として認識されてきた。いっぽうキュートのほうは、存在のあり方としても、自己認識の形態としても、認知されたのはごく最近になってからだ。どうやら〈キュート〉という言葉が初めて登場したのは一八世紀以後のようだが、これは当然と言えば当然だろう。なぜなら一八世紀は、〈美意識〉が明確な哲学的領域として認識され、そこから〈崇高〉などの新たなカテゴリーが派生した世紀だからだ。ちなみに、スーザン・ソンタグによれば〈キャンプ〉という言葉が生まれたのもこの時代だという。[★3]しかしキュートが、キュートと似てはいるが別個の感性である〈キッチュ〉[★4]とともに広く使われるようになったのはもっと後、一九世紀も半ばに入ってからのことだ。

　じつは、キュートが一大産業になりはじめたのが、ちょうどこの時期だ。キュートを真っ先に商売に利用したのは、フィニアス・テイラー・バーナムという異国風の名を持つアメリカ人で、彼は母親とその子どもたちを見世物にする赤ちゃんショーが金になることに最初に目をつけた人物だ。一八五五年、ニューヨーク、ブロードウェイのアメリカ博物館で開催された最初の赤ちゃんショーには一四三人が出場し、六万人もの観客がつめかけた。その後、同様の見世物が続々と誕生したが、当初からこのショーを批判する声は少なくなかった。その批判の多くは、本来ならごく私的なものであるはずの母子の関係を公衆の面前で見せびらかすとは下品極まりない、というもので、ある女性は「貞淑な既婚夫人を他人の好奇の目から守るベールをはぎ取り、家庭という聖域にいるはずの母親とその〝かわいい子どもたち〟を詮索好きな人々の無作法な視線にさらすこのショー[★5]」に「ひどく不快感を覚える」と語っている。

しかし、そんな批判などどこ吹く風のバーナムは、今度は四歳の少年、チャールズ・ストラットンに目をつけた。四歳でアメリカ博物館の〝見世物〟として雇われたときの彼は、身長がわずか二〇インチ（約五〇センチ）しかなかったため、一九世紀半ばのイギリスで人気を博していたおとぎ話の主人公、親指トムにちなんで〈親指トム将軍〉と名づけられた。その後、わずか六歳にしてアメリカのセレブとなった彼は、ヨーロッパの王室に招かれたり、ロンドンをはじめとする大都市の公演で劇場を満席にしたりと大人気を博し、あっという間に押しも押されもせぬ世界的大スターになった。そして一八六二年、バーナムは、身長三一インチ（約七七・五センチ）に成長した二四歳の親指トム将軍と〝世界一小さい女性〟と言われた身長三二インチ（八〇センチ）、二一歳のラヴィニア・ウォレン・バンプの婚約を発表した。二人の結婚式には何千人もの人が参列し、彼らのもとにはリンカーン大統領はもとより、アメリカの多くの大富豪から結婚祝いのプレゼントが続々と届いた。『ニューヨーク・タイムズ』紙は、ナポレオン三世と並ぶ知名度を誇る男性が「美の女王」を妻に迎えた「極めて重要な」式典として、この結婚式を詳細に報じている★6（図3・1）。彼の特性は現代なら敬遠されかねない類いのものだが、そこに宿るキュートさに、当時の人々は虜となったのだ。

＊

キュートが「産業化の進む一九世紀のアメリカで、評価の一般用語として、そして正式に認識された様式として」登場したのに伴い、「中流の家庭とは、商品と消

図 3.1　親指トム将軍とラヴィニア・ウォレン・バンプは 1863 年、ニューヨークのグレース教会で結婚した。ストラットン夫妻、G.W.M. ナット、ミニー・ウォレン（結婚式）。Mathew Brady Studio（1863、印画は後年）。写真湿板を使った現代のアルビューメンプリント。スミソニアン協会、ナショナル・ポートレート・ギャラリー所蔵。メザーブ・コレクション

費が支配する女性的空間、という概念も確立した」[7]とシアン・ナイは指摘する。つまりキュートとは「商品への憧れ」――とはいっても、力を持っているのは商品ではなく、それを見ている自分という認識だった――、すなわち「そのキュートなものとできるだけ親密になりたい、あるいは物理的に近くにいたい」[8]という憧れなのだ。その後キュートは、初期の大量消費文化を追い風に商業的成功を収め（〈キッチュ〉もまた、美術評論家のクレメント・グリーンバーグに産業革命の落とし子と呼ばれた）、その成功は二〇世紀の幕開けとともにさらに顕著になっていった。そして第一次世界大戦が終わると、「無力さや脆弱さを強調した美意識が色濃くにじむ〝キュート〟なオモチャがアメリカで大量に生産され」[9]、キュートの商業的成功はいっそう加速していった。

驚いたことにキュートという言葉は、一七三一年ごろに使われはじめた当初から、その定義は二種類しかなかった。ひとつ目は「アキュート（acute）」の短縮形というもので、その意味は、「鋭さ、明敏さ」[10]と「ずるさの含みがある利口さや狡猾さ」[11]。そして、これとほぼ正反対なのが、一八三〇年代に誕生したもうひとつの定義で、無垢や魅力的といった意味のこちらは、特に子どもの無垢や魅力を指している。ちなみに、この二つ目の定義があてはまるのは、例のキュートのスペクトルの〈愛らしい〉側だけに限られる。

けれど、このかけ離れた二つの定義をヘルマプロディートスとサルマキスのようにひとつに融合してみると、キュートの完全な意味、すなわち無垢な不気味さ、不気味な無垢というキュートのアンビバレンスが見えてくる。

この無垢な不気味さを意味するキュートが登場したのは二〇世紀初頭なのだが、これを完璧に体現したのが一九三〇年代のキュートの象徴、あのシャーリー・テンプルだ。〝アメリカの恋人〟と呼ばれた彼女は、わずか五歳で映画界での輝かしいキャリアをスタートさせた子役の大スターだ。彼女の登場によって、世間にはキュートな子どもに熱狂する新たなブームが巻き起こり、親たちはこぞって幼いわが子をダンススクールに通わせた。だが、歌えて、踊れて、演技ができ、そのうえあの〝天使のような小悪魔〟感を出せる芸達者な子などそうそういるものではない。彼ゲイリー・クロスは「シャーリー・テンプルの〝キュートさ〟は単純ではない。彼女のいちばんの魅力は、天真爛漫で甘えん坊なイメージと、生意気で潑剌としたイメージのあいだを自在に行き来するところだ」と言っているが、それが俗に言う彼女の〝あだっぽい無邪気さ〟だ。小悪魔のような天使とはつまり、「意図的に、けれど無邪気に道徳上の境界線に立つ[★12]」早熟な少女に他ならない。そう、彼女はたんに愛らしいだけではないのだ。

私が思うに、現代のキュートとは、この世に純粋な無垢など存在せず、人間の不確定性を克服することも不可能だと私たちが実感する、無言の手段ではないだろうか。大人／子ども、抜け目のなさ／天真爛漫さ、女性的／男性的、善／悪、知り得ること／知り得ないこと――このような二分法の明確な境界線も、キュートの世界では曖昧になる。だから、キュートなものの多くが、明確なアイデンティティ――性別や倫理観、理解力、年齢、民族性など――を持っていないのだ。だとしたら、私たちには、これを踏まえた新たな考え方が必要だ。

＊

不気味なタイプのキュートな人々は、日常生活で純粋に愛らしい行動をとったりはしない。彼らは、気づいてもらいたくてたまらないのに騒がれることを嫌い、大事にしてもらいたいのに、守ってもらうことを嫌う。また、自分は異質で疎外されていると感じているくせに、助けてもらいたいのかどうかも、どうやって助けてもらいたいのかも、私たちに教えてはくれない。いっぽう愛らしいキュートのほうは、素直に助けを求めてくるし、騒がれたい、守ってもらいたいと率直に伝えてくる（ちなみに、人間もキュートになれるのかという問題については、現代の日本に触れた第5章で、どうすれば個人だけでなく国全体の精神もキュートになれるのか、キュートはどうやって日本という国の自己認識を支配し、世界に見せる顔までも支配したのかについて論じる際に取り上げる）。

また、不気味なキュートは抜け目がなく——愛らしいキュートと違って無垢なだけではない——、特に力関係に敏感だ。キュートという言葉はかつて、狡猾あるいは小利口と定義されていたから、不気味なキュートが、抜け目がないのというのも当然だろう。つまり、キュートは無垢、と決めつけるのはあまりに一方的であり、むしろ完全な間違いだ。

　そういう不気味なタイプのキュートな人々は、抜け目がないだけでなく、自分のことを知ってほしい、認めてもらいたいと思っているが、それと同時に、捉えどころのない彼らしく、そっと隠れていたいという思いも抱いている。自分を受け入れてもらいたいと思いつつも、自らの独立性を脅かすものを絶えず警戒しているのだ。そんなキュートな人々が最も嫌うのが、どっちつかずの態度を捨てて立場を明らかにしろと迫られることであり、真面目で真剣な世界で生きろと強いられることだ。隠れたり、無力なふりをしたりすることは、彼らのアイデンティティにとって非常に重要だが、だからといって彼らが必ずそうすると決めているわけではない。キュートな者たちは自らの弱さを巧みに利用しながら、相手をからかい、操るのだ。そしてこのような彼らの性質は、あの古典的な問い、すなわち、力を持っているのは主人なのか、それとも奴隷なのか、という問いを私たちに投げかけてくる。

　主人が持つ力のほうは、わかりやすい。奴隷は、食事はもちろん、身体の自由も住む場所も、おそらくその命さえも主人の胸先三寸で決まってしまう。また、主人は奴隷をたんなる道具とみなすことも、存在しないものとみなすこともできる。しかし、ドイツの哲学者、ゲオルグ・ヴィルヘルム・フリードリヒ・ヘーゲル（一七七〇－一八三一）に言わせれば、より根本的な力を持っているのは主人ではなく奴隷のほうとなる。なぜなら主人自身のアイデンティティは、奴隷の存在によって成り立っているからだ。主人は、奴隷の労働と生命がないと、自らを主人とみなすこと――主人という人間になること――ができない。さらに、奴隷自身に奴隷という自らの地位を認めてもらわない限り、主人は自分を主人と感じることもできない。つまり、主人が自分を主人と感じるためには、奴隷に「自分は身体の自由も収入もご主人さまに依存している、だからご主人さまのために働き、ご主人さまに服従する義務がある、自分が生きていけるのはご主人さまのおかげだ」と思ってもらわなければならないのだ。また、奴隷にそう思ってもらうには、奴隷の人間性を保護、すなわち認めなければならないため、主人は奴隷の尊厳を否定することも、彼らを物扱いすることもできない。なぜなら物は、利用することはできても、承認を与えてはくれないからだ。ヘーゲルによれば、認めてもらいたい、という思いは人間の基本的な欲求であり、個人のアイデンティティや自由にとって非常に重要だという。だとすれば、自分の奴隷が生命を持たないロボットだと気づいた主人は、もう自らを主人と感じられなくなってしまう。[★13]

不気味なキュートは私たちに、上下関係が曖昧なことも多い親密な人間関係を思い出させる。なぜなら、不気味なキュートは自分を弄んでくれと見ている側に誘いかけるくせに、今度は、自分を弄んだと言って、半ば見せかけ、半ば本気の怒りを見せてくるからだ。また、彼らはときに被害者となることも厭わないが、それは遊び半分のときだけで、何かを強制されそうになったり、支配されそうになったりしたとたん、ぴしゃりと相手をはねつける。彼らはあなたを巧みに誘い込んでから、ペッといとも簡単に吐き出すのだ。それもすこぶるチャーミングなやり方で。彼らは奴隷のように従順にふるまい、あなたのオモチャであるかのような顔を見せるが、次の瞬間には、主人は自分だ、とばかりに威張りだし、自分とあなたの関係性に条件をつけてくる。

したがって、不気味なキュートと関係を結ぼうとしても一方通行の関係が関の山で、「キュートなものは、自らのキュートさを伝えるプロセスで力を奪われ、おかしな状況に陥ってしまうため、実際より無知で無防備に見えてしまう」[★14]などという主張はまったくのお門違いだ。実際はその反対で、見ている側にキュートさを伝える際、キュートなものは相手の権力意識を弄ぶため、その力はかえって強まる可能性が高い。そのやり方は巧みで、キュートなものはまず、見ている側に、そちらのほうが立場は上と思い込ませる。そうしてから、でも実際に力を持っているのは誰なのかという不安を相手に植えつけ、これまで自分が服従してきたのはそちらを取り込む罠だったのだと気づかせたのち、思いやりや保護を要求してくるのだ。

*

キュートは、本当に力を持っているのは誰かを問うだけでなく、力はどれほど重要なのか、という根源的な問題も問いかけてくる。たしかにキュートなものは受動的で無防備かもしれないが、同時に、他者から操られにくく、権力にも鈍感で、見ている側からの支配にも屈しない。だとしたら、見ている側は自らの〝力《パワー》〟で何をするべきなのか？　支配的立場にいることに何の意味があるのか？　なぜ無力なふりをする相手に威張って満足するのか？　つまりキュートの脆弱さは、その弱さが本物であれ見せかけであれ、見る側と見られる側の力の不均衡を浮き彫りにし、さらにはその不均衡の目的や影響にまで疑問を投げかけるのだ。

　少なくとも一九世紀半ばから二一世紀初頭までの一世紀半のあいだ――ニーチェからフーコーおよびそれ以降――、力とは、人間関係を理解する鍵、さらには生自体を理解する鍵と考えられてきた。愛やセックス、倫理、芸術、社会構造、制度、男女関係、概念、趣味の基準――このすべてが、これらを定義する人々、そしてそこに参加する人々の力の現れと考えられてきたからだ。ニーチェは「生それ自体が力への意志」と言っているが、たしかに私たちが住んでいるのは「力への意志が最も重要な世界」[★15]であり、無私の心や思いやり、謙虚さまでもが、他者や生を支配するための手段となりえる。フーコーは、社会制度や社会的慣習はすべて、それを構成する力関係で理解することができるとし、性の解放や女性解放のようにようやく勝ち取った自由でさえ、それは純粋な解放などではなく、むしろ「種の生」[★16]に対する社会の監視と管理の新しい表現にすぎないと言っている。

キュートは現代の主流をなすパラダイムを覆したりはしないし、おそらくそんな力もないだろう。また第13章でも述べるが、そもそもキュートは、時代のパラダイムを拒絶したり、新たなパラダイムに取って代わったりといった明確な目的の追求には向いていない。その代わりにキュートは、ふざけた弱者の立場で、私たちの習慣的な行動に茶々を入れ、波風を立てる。私たちが優先順位を決めたり、自分が何者かを考えたりするときに習慣的に使っている手法に対して、本当にそれでいいのかと冗談めかした調子で問いかけてくるのだ。

また、キュートなものは、たとえ奴隷としてふるまおうが、主人として、あるいはその両方としてふるまおうが、つねに無邪気に見える。これはキュートなものの大きな特徴のひとつで、だから彼らは非難されることも、責任を問われることもない（もちろん、キュートではない特質については、別だ）。だがそれは、キュートなものたちが責任を負うのを拒否しているからでも、責任を負えないほど無力で、幼いからでもない。そもそもキュートは、責任などというものとはまったく無縁――その構造自体が責任とは無縁だ――なのだ。キュートには道徳心もなければ、倫理観もなく、善悪の区別などその存在さえ知らないかのように見える。道徳的にも不道徳にも見えない空間を確保していること、それこそが今の時代を強烈に惹きつけているキュートの大きな魅力――そして大きな危険――なのだ。ゆえにキュートの世界では、倫理観を問うこと自体がひどく場違いに感じられる。

キュートやキュートへの関心を、たんに子どもじみた無垢への退行と片づけることができないのもそのせいだ。たしかに、愛らしいキュートは子どもっぽいが、キュートのスペクトルの反対側にある不気味なキュートは経験豊かで世慣れている。また、不気味なキュートは世の中の怖さも知っている――そして、その怖さをある程度体現してもいるけれどだからといって、それについて倫理的に何かをするわけではない。いっぽう、赤ん坊のように経験値がほぼゼロでも、愛らしいキュートにはなることができる。したがって、大人がつい世話をしてやりたくなるような幼児の身体的、行動的特徴についてローレンツが語るとき、彼はたんに愛らしさだけを語っているにすぎないのだ。

いっぽう、不気味なキュートは、ひどくつらい経験をし、見たくないものも見て、それを消化してきたように見える。そんな不気味なキュートの強み——天賦の才とも言える強み——は、たとえ苦しみを味わったとしても、その苦労をおもてに出さないところだ。また、不気味なキュートは、多少残酷に見えても、決して恨みがましくはないし、多少攻撃的でも、底意地が悪いわけではない。

だが、こうしたこともキュートの複雑さの一端でしかない。愛らしいキュートは直接的で明快なうえ、自らを隠そうともしないが、不気味なキュートの後ろには、ガラス越しにおぼろに見える別の世界が広がっている。

たいていの場合、私たちはキュートのスペクトルの愛らしい側ばかりに群がり、一般的にキュートとされるものだけを愛でている。いっぽう、このスペクトルの愛らしい側から離れるにつれて徐々に姿を現しはじめ、反対側の端でその特徴が全開になるのが不気味なキュートだ。こちらのキュートも魅力的だが、それは見る者をギョッとさせる類いのキュートだ。だから私たちはつい、その手のキュートを避け、コンラート・ローレンツが定義した、次のような単純で幼稚なキュートのほうに惹かれがちだ。

・身体と比べてアンバランスに大きな頭。

・広くて前に突き出た額。
・成人よりも下方に配置された大きな目（成人の場合、目は頭部の半分ほど下がった位置、いっぽう幼児は三分の二ほど下がった位置にある）。
・丸く、ふっくらした頬。
・丸みを帯びた、ぽっちゃり体型。
・短く、太い手足。
・柔らかく、触り心地がいい身体。
・たよりなく、ぎこちない動作。★1

進化生物学者のスティーヴン・ジェイ・グールドによれば、ミッキーマウスが不可解な進化を遂げてこのような子どもっぽい特徴を持つようになったのは、一九二〇年代末から一九七〇年代末にかけての半世紀だという。そしていまや、私たちはミッキーのことを、このような子どもっぽい特徴を具現化した存在と思い込み、その外見にふさわしい優しさと正直さを備え、危険に満ちた世界でも自立し、大胆に生き抜いていくネズミと考えている。

だがミッキーは、昔からそういう姿だったわけではなく、誕生したばかりのころは、頭も額も目も、もっと大人びていた。つまり、身体の残りの部分とのバランスがちゃんととれていたのだ。耳はもっと前方についていていたし、脚も腕も鼻も今よりずっと直線的で、先端が細くなっていた。そしてそのふるまいといえば、無節操でやりたい放題の「手に負えない腕白者で、サディスト的雰囲気さえただよわせていた」[★2]。歩く足どりもぎこちないというよりはむしろスマートで、トラブルと見れば、避けるどころか自らそこに突っ込んでいくタイプだったのだ。また、弱きを助け、強きをくじき、仲間を愛するなどという正義の味方の姿からはほど遠く、弱い者をいじめ、その身体をオモチャにして遊ぶという、なかなかの悪党だった。ミッキーマウスが世にデビューした一九二八年の映画『蒸気船ウィリー』での彼とミニーの所業など、もう目もあてられないほどのひどさだ。

ミッキーとミニーが船の上でほかの動物たちを張りとばし、押さえつけ、ねじあげたはてに、潑剌きわまる「わらの中の七面鳥」のコーラスを始めるところがある。ミッキーとミニーはアヒルを締めあげてギャーギャー鳴かせ、ヤギの尻尾をグルグルまわし、ブタの乳房をギュウギュウしぼり、木琴の代用として雌牛の歯をカンカンたたき、その乳房をバグパイプにしてブーブー吹き鳴らすのだ。★3

だがそれからほぼ一〇年後、第二次世界大戦が勃発すると、『蒸気船ウィリー』で暴れ回っていたこの感じの悪いミッキーは大変身。ブタの乳首をつねっていた乱暴者は、すっかりお行儀のいいネズミに生まれ変わった（一九四〇年の漫画映画、『ファンタジア』では、〈魔法使いの弟子〉のミッキーが師匠の目を盗んでいたずらをしたせいで、お仕置きされている）。そして一九五三年の短編映画に描かれた魚釣りをするミッキーは、すっかりおとなしくなり、まさに別人だ。貝に潮を吹かれてもやられっぱなしなうえ、できないのか、その気がないのか、反撃するそぶりさえ見せないのだ。その後、ミッキーは魔法の世界の住人となり、私たちがよく知る役回り、すなわちディズニーランドで私たちを歓迎する愛想のいい案内人の役目を果たすようになる★4（図4・1）。

図4.1　50年かけて幼児化していったミッキーマウスの軌跡。ミッキーの行儀がよくなっていくにしたがい、見た目も幼くなっていった。身体に対して頭のサイズが大きくなり、目も頭蓋も大きくなったが、そのすべてが幼さの特徴だ。
©The Walt Disney Archives

＊

では、ミッキーのクリエイターたちはなぜ、彼の成長を通常とは逆方向、すなわち大人から子どもへと退行させたのだろうか？　ウォルト・ディズニーはアニメーターたちに、「キュートにしろ！」[★5]と方針転換を命じたらしいが、なぜ彼はそんな選択をしたのだろうか？　アメリカ中にその名が知られるようになり、さすがのミッキーもお行儀のいいまっとうなキャラクターにならざるをえなかったということもあるだろう。[★6]牛の乳房を吸うサディストなど、真面目で信心深い人々には好かれないし、親たちもわが子にそんなものを見せたいとは思わないからだ。ということで、彼に道徳上の大改造を施し、アメリカのアングロサクソン系白人新教徒の倫理をからかうのではなく、それを具現化した存在へ変身させることになったのだ。そう、ミッキーはどこから見ても文句のつけようのない健全で高潔で頼りになる存在にならなければならなかったのだ。

しかしグールドは、ミッキーの「幼児化」★7には別の動機があったのかもしれないと指摘する。ミッキーのクリエイターたちは、アメリカの倫理観よりもっと深いもの、すなわち幼いものを守り、育てたいという人間の本能に訴えたほうが、ミッキーには得だと気づいたのではないだろうか。ローレンツが言うように、その本能は、生物、無生物に関係なく、幼児の特徴を模したさまざまなキュートなもので刺激することができるからだ。攻撃的なふるまいをうち捨ててミッキーが手に入れた姿——丸っこい頭、大きな目、そして大きな頭蓋冠——はまさに、幼い者を育てたいと感じる人間の本能をくすぐるきっかけ、すなわちローレンツが「生得的触発機構」★8と呼んだ類いのきっかけに他ならない。

だが本当にそれが、第二次世界大戦の開戦直後という歴史的な瞬間にミッキーが逆進化した理由だろうか？　じつは、ミッキーには倫理的健全性が必要だったという説も、グールドの進化論的推論も、いくつかの明白な事実を見過ごしている。それは、ミッキーが登場してからの五〇年間、アメリカの基本的な倫理的価値観は変わっていないということ、そして幼い者を守り育てたいという時代を超越した人間の本能も、その本能への意識も突然高まることはないという事実だ。だとすれば、この期間に何か別のこと——これまでにないまったく新しいこと——が起こったということになる。そして時代に敏感なウォルト・ディズニーは、意識的に、あるいは無意識にその変化に反応したのだ。

そのころ起きていた新しいこと、それは二つの世界大戦がもたらした、いまだかつて経験したことのない恐怖——というより、もうこれ以上そんな戦争の恐怖に耐えるのは御免だという強烈な思いだ。そしてその思いはやがて強い意志となり、国どうしが激しく憎みあうことも、人の生来の穏やかさを脅かすこともない世界を作るという決意となったのだ。たしかに第一次世界大戦は恐ろしい経験だった。だがそれでもこの新たな意志を生むまでには至らず、第二次世界大戦を経てようやく、アメリカ人やヨーロッパ人はもちろん日本人も、暴力や残酷さに激しい嫌悪を覚えるようになり、無垢と優しさと協調に満ちた世界、恐ろしい苦しみも人間の攻撃性もない世界を求める、圧倒的な思いにとらわれたのだ。

その結果、日本、そして西ヨーロッパ諸国の大半が、武力外交をやめて、福祉国家づくりに取り組んだ。また、第二次世界大戦後、アメリカは世界一の大国、いやおそらく人類史上最も強い国になったが、そんなアメリカも平和的協調に憧れる思いは同じで、誰かを脅かすのではなく、それ以外の方法で安全と秩序を守りたいと考えるようになった。第二次世界大戦後、アメリカは数々の国際協力機関――国際通貨基金（IMF）や世界銀行、欧州共同体（のちの欧州連合〔EU〕）、国際連合――の設立とその発展、促進に大きな役割を果たしたが、このような機関を誕生させたのもまた、穏やかになった新生ミッキーマウスを生んだのと同じ感性だ。

IMFや国連、EUに特有の古臭い無個性さとキュートはひどく対照的に思えるが、こういった国際機関と同様、キュート崇拝も、今の時代の希望の現れに他ならない。それは、人間性に宿る平和的で統一的、協力的で素朴なものすべてがいつかこの世に行きわたるという希望だ。強大な権力が必ずしも正義ではなく、相互防衛や子育てや利他主義の本能が尊ばれる日がやがて訪れるという希望。世界が新たな黄金期を迎え、基本的な利益と価値観を共有する国家のあいだで一八世紀の啓蒙哲学者、イマヌエル・カントが語った〈永遠平和〉がいつか実現するという希望だ。国連やEUといった巨大な官僚システムが生まれたのと同じで、キュート崇拝の誕生も、国家間や個人間に絶えず存在してきた暴力への恐怖によるところが大きい。そしてその恐怖はキュートに別の側面、すなわち暗さや不安や弱さという側面があることも示している。それは、暗くて不安げで脆弱、けれどキュートの本質に従い、挑発的で快活でのんきな側面だ。

第5章　カワイイ――日本という国の新たなカタチ

戦後、戦勝国アメリカではキュートが爆発的に流行した。だが、その理由が、戦時中の暴力にあったのだとしたら、敗戦国の日本ではいったいどうだったのだろう。一九四五年八月、日本は〝リトルボーイ〟や〝ファットマン〟といった、皮肉なまでに無害そうな（キュートな？）なニックネームがついた原子爆弾をアメリカに落とされて無条件降伏に追い込まれ、その後はソ連、中国、北朝鮮、と強大な軍事力を持つ三つの共産主義国と向き合うことになった。しかし中国も北朝鮮も、戦時中の日本の残虐行為を決して忘れてはおらず、今の日本は国の個性も、美学も、かつての戦闘的だった日本とは正反対に見えるよう努力を重ねている。だがじつは、日本のこの新たな個性も、実際はこの国で長年受け継がれてきた伝統に深く根ざしているのだ。

当初、いちばん肝心なのは謙虚さだった。戦後の日本は都市や経済を再建し、征服者のアメリカや、かつての敵国からの信頼をいち早く取り戻さなければならなかったからだ。そして敗戦からわずか二〇年後の一九六〇年代初頭、この大事業を軌道に乗せた日本は工業先進国への道を邁進し、ようやく余裕が出てきた国内には自信とくつろぎが生まれ、反抗的な気分までもが頭をもたげてくるようになった。ここで言う〈気分〉とは広い意味での気分、すなわち世界における自身のあり方、世界に同調する様式のことだ。不安も系列的にはひとつの気分（ドイツ語では〈Stimmung〉）とマルティン・ハイデッガーも言うように、気分は一定の方法で私たちの前に現れたり、開示されたりする。[★1] 一九六〇年代の日本は、学生運動などの暴力的な場面もあったが、それでも当時の〈気分〉は決して過剰に暴力的なものではなかった。

そして一九七〇年代に入ると、別の気分が突然、姿を現した。それは思春期の若い未婚女性、すなわち少女たちの〝ガールカルチャー〟が触媒となって生まれた気分で、当初はほぼガールカルチャーのなかだけで表現されていた。[★2] しかしその後はさまざまな年齢層の女性に広がり、一九八〇年代末には若い男性にも広がっていった。シャロン・キンセラは、若い男性たちにとって「キュートなファッションは自由の象徴、社会の期待や規則からの解放の象徴」であり、彼らは「若い女性——現実の恋人、もしくは少年向けのロリコン漫画に登場する甘ったるく優しい女の子——をとにかくやみくもに崇拝している」[★3]と指摘している。この気分こそがいわゆる〈カワイイ〉だ。〈カワイイ〉は、〈キュート〉とおおむね同じ意味とされ——これについては、村上隆をはじめとするほとんどの日本人アーティストや学者が同意している——一九九二年にはすでに「現代の日本でもっとも広く使われ、愛される日常的な言葉」[★4]となっていた。

感性としてのカワイイは、たよりなさや脆弱さの暗示として戦後の日本の少女文化にあふれていた〝かわいらしさ〟を超越し——たとえば、この後に紹介する村上や奈良、宮崎といった日本人アーティストの作品からもわかるように——より表情豊かな曖昧さを持つようになっていった。つまり自分をカワイイ存在として見せるということは、自らを脆弱で他者の庇護が必要な存在に見せつつ、誇り高く、自立した存在にも見せるということなのだ。それは、人畜無害（他者にとってはもちろんのこと、戦後は日本の国自身も自国を人畜無害な国と感じる必要があった）でありながら巧みに自己を保存し、無力さを誇示しながらその無力さを明るく面白がり、予測可能な存在なのに気まぐれで、想像力が欠けているのに皮肉屋、率直なのにいくつもの仮面をつけ、調和を愛しながらも愚劣でいびつで不快な存在になる、ということだ。また、物憂げさは特に重要だが、その物憂げさも、軽く、冗談めかした調子でなければいけない。

国の自己像を〈サムライ〉から〈キュート〉に変えるとは、ずいぶんと思い切った大転換だが、軍国主義によって大惨事を引き起こした後の日本の歴史的位置づけを考えれば、まさに最適な転換と言えるだろう。こうして今日、ドイツは反省を示し、日本はキュートを示しているというわけだ。とはいってもそのキュートは、ときに哀れっぽくも見える愛らしいだけのキュートではない。むしろ、たくましくて遊戯的、そして間接的で不透明なキュート、攻撃的なもの、脅迫的なものすべてを魔法のようにかき消してしまうキュートだ。

したがって日本のキュートは、〃女性的な〃セルフイメージや社会的ネットワークへと逃げる、気軽な現実逃避などではまったくないし、子どもや思春期の青少年がしがちな行動や、彼らが好む小物、マンガ、言葉づかいへの逃避でもない。日本のキュートは、独立したひとつの世界、いわばパラレルワールドなのだ。そしてこのキュートをうまく活用すれば、日本という国の顔、すなわち頼もしくて気まぐれで、あけすけなのに不可解な国だと一目でわかる顔を外国——そして何よりも日本の国自身——に見せることができるというわけだ。

いや、国の顔だけではない。キュートはいまやすっかり日本の精神の一部になり、外に見せるその顔は、日本の内なる真実にもなっている。つまり、他者に見せたい顔、他者から期待されている言動を意味する〈たてまえ〉が、いつしか〈本音〉に取って代わってしまったのだ。

シャロン・キンセラは、カワイイとは、たんにキュートなものを所有したり、キュートなものをちやほやしたりするだけではないことを見事に説明している——とは言っても、彼女の説明はいささか〈愛らしい〉ほうに片寄っているが。特に重要なのが、カワイイとは「キュートな存在に〝なること〟」と指摘している点だ。一九九〇年代に大きな高まりを見せたキュートへの熱狂について彼女は次のように書いている。

日本人の若者、特に若い女性は、キュートなアクセサリーを買い、キュートな小物で自分の部屋や車を飾り、職場のデスクやバッグのなかまでキュートなもので埋め尽くす。そうやってキュートなものに囲まれていれば、自分もキュートに変身し、キュート・オンリーの世界に入っていける気になるからだ。キュートになるということは、子どもっぽくふるまうこと、すなわち大げさな内股や目を大きく見開いた無邪気な表情、ダイエット、愚かなふりをすることだ。そしてそこには、成熟の証である豊かな洞察力や感情やユーモアを本質的に否定するという、自らを大きく損なう行為が伴う。キュート文化では若者がもてはやされたが、それは彼らのたくましさや有能さのせいではなく、彼らが明らかにひ弱で、たよりなく、無力だったからだ。[★5]

キュートはいまや〈本音〉となり、キュートになるということはもはや演技でもなければ、社交の場で人と交流するための芝居でもなくなった。そう、簡単に捨て去ることなどできないほどに、キュートはこの国の魂に浸透したのだ。

日本のキュートの代表的な作り手であり、批判者でもある日本人アーティストの村上隆は、日本は広島と長崎の経験によって自らを〝弱体化させ〟、〝骨抜き〟にしてしまったと嘆く。彼の文章から察するに、それは核攻撃を二度と招きたくないという心理からだろう。村上は二〇〇五年に展覧会を開催した際、著書『リトルボーイ』を出版したが、広島に投下された原子爆弾の名をタイトルにしたこの本で彼は、現代の日本では「かわいい文化は血肉となって全てに蔓延」していると書いている。

ジョージ・オーウェルが書いた小説『一九八四』のような統制されたSF的ユートピア社会。居心地がよく、ハッピーでおしゃれで、そして差別の気持ちもほぼ無き世界。（……）資本主義の名の下、アメリカの傀儡政権が完全完成した後に来た平板な形骸としての国家。（……）「かわいい」「へたれ」「ゆるい」キャラクターたちが生気なくにっこり笑いかけるとき、無表情に見つめるとき、世界の人々は融解してゆく幸福な心に気がつくはずだ。元よりあった日本人の画像感覚、美意識が、戦後、変形加速して、今ある形に固着した。その中に、未来を予見出来うる種を見つける事が出来るはずだ。

そして彼はこう締めくくる。「我ら日本人は「Little Boy」＝「ちっちゃな子ども」そのままだ」と。[★6]

*

一九七〇年代に入ると、キュートは日本中を席巻し、広告や政府広報はもとより、安全警告やマンガ、携帯電話、お弁当、さらにはカレンダーなどの消費財にまで利用される前代未聞のパワーを持つ言語となった。キュートを受け入れたのは一〇代や二〇代の若い世代だけではない。公務員や販売員、航空会社、銀行、保険会社までもがキュートに飛びつき、ブルドーザーの操縦者までがキュートに夢中になったため、ボディにキュートなステッカーが貼られたブルドーザーを見ることも

図 5.1　日本政府の公式「カワイイ大使」(2009)。写真提供は Michael Caronna/Reuters Pictures

珍しくなくなった。いまやポケットモンスターのゲームソフトや映画、漫画、オモチャ、カードゲームは、日本のキュート大使として全世界で活躍中だ。そして日本外務省は二〇〇八年、耳のない猫型ロボット、ドラえもんを日本の〈アニメ文化大使〉に任命し、さらに翌二〇〇九年には、日本政府が三人の生身の人間をキュート大使(カワイイ大使)に任命した。[★7] この三人の女性は、ひとりは女子学生風ミニスカート姿、もうひとりはパステルカラーのフリフリドレスといういわゆるロリータ・ファッション、最後のひとりはバニーのプリント入り水玉シャツといういでたちだ（図5・1）。

当然、日本の自衛隊も例外ではなく、彼らも自らをキュートで飾り立てている。自衛隊は隊員募集のポスターに「目の大きなアニメ・キャラクターと迷彩服姿の隊員という珍妙な取り合わせ」を登場させているし、自衛艦の能力と戦闘態勢を国民に披露するイベントでは、自衛艦の対ミサイル防衛システムを「迫撃砲の砲身を耳に見立てたウサギに擬人化」したりもしている。[★8] なんと対戦車攻撃ヘリコプターが、アニメ風のキュートな女の子の漫画で飾られることさえあるのだ（図5・2）。

そして二一世紀に入ると、それまでは極めてデリケートな存在だった第二次世界大戦時の戦艦でさえ、〈カワイイ〉存在に作り変えられていった。ブラウザゲームやアニメで大人気の『艦隊これくしょん』では、それぞれの戦艦が「露出度の高い制服を着たキュートな女の子」として描かれている。実際には、この女の子たちが象徴する戦艦の多くが何千人もの人命とともに海の藻屑となったのだが、いまやそんな戦艦も海軍基地を舞台に「襲撃部隊が海中の侵略者と戦う[★9]」一〇代の若者ドラ

図 5.2　日本の対戦車攻撃ヘリコプター（2013）。©Monsieur Ashiya / Flicker, Attribution-NonCommercial-ShareAlike 2.0 Generic（CC BY-NC-SA 2.0）ライセンスによりアップロード

マの一部となっている。

＊

カワイイを、受け身であること、あるいは無害であることを強調するフェティシズム的無抵抗の美意識——日本が自国の弱体化を喧伝し、そのイメージを定着させるのにぴったりの美意識——にすぎないと考えるのは誤りだ。カワイイは、日本の国内に潜む暴力性や外国に向けた暴力性を排除して、この国を骨抜きにするだけのものではなく、それと正反対のこともする。すなわち暴力を重苦しくもなければ、脅迫的でもないかたちで表現するのだ。つまりキュートは、攻撃性を排除するが、同時に攻撃性を昇華することもできるのである。

ここでもまた〈カワイイ〉は、〈サムライ〉の精神の対極にある。それは、奈良美智やタカノ綾、青島千穂、西山美なコ、村上隆たちの作品でも明らかで、彼らの作品の多くが、暴力を皮肉と軽さを伴うキュートで描いている。

たとえば奈良の描く、落胆した表情でひとりぽつんといる子どもたちは、不思議な無邪気さをたたえているが、その姿は見る人のなかに強い嫌悪感をかき立てそうにも見え、特にこの一〇〇年のあいだに幼年期が神聖なものと化した西欧では嫌われそうに思える。だがじつは、奈良の作品は「全世界に多くのファンがいるが、その多くは若い女性たち」なのだ。[★10] 彼が描く子どもが内に秘めた落胆は明白かつ痛ましいものだが、究極の落胆というわけではなく、あからさまに救いを求めているようにも見えない。それどころか彼らの無垢は、抜け目のなさや反発、現在の窮状を茶化す軽薄さと隣り合わせだ。そう、脆弱さがたくましさと共存しているのだ。なかには、自らの弱さをある程度、自分でコントロールしているように見えるものもいて、彼らはあえて受け身の立場を演じ、そのこと自体を皮肉ってさえいる。まるで見ている側に「これがあなたたちの欲しいものなら、さあどうぞ。お望みなら、無力なだけじゃなく、無力なふりもしてあげる。そのぐらい、なんてことないから」とでも言っているかのようだ。言い換えれば、彼らは弱くも見えるが、弱さを演じているようにも見えるのだ。

その点から言えば、奈良が描く子どもたちは、まさにキュートが元来持つ二面性、すなわち純真さと抜け目のなさの両方を体現している。なぜなら彼らが怒りの気配を示していても、それは純然たる絶望から生まれた単純な怒りのようには見えないからだ。そこにあるのはもっと曖昧な怒り、もっと無表情で冷笑的な怒りで、ここでもまた、キュートならではの捉えどころのなさが存分に発揮されている。だから奈良美智が描く《This Is How It Feels When Your Word Means Nothing At all》も、不吉さはあっても、決して完全な孤独を漂わせてはいないのだ。そしてこの子どもの絵を見ているうちに、また、ここに書かれた「KIDS DON'T KNOW」という文字を眺めているうちに、この子どもがどのくらい無知で無防備なのかも、どのくらい怒り、落胆しているのかもわからなくなり、単純に怒るということが難しく思えてくる（図5・3）。

奈良の描く子どもたちはときに、反撃しているように見えるときもある。だが、曖昧さの達人である奈良が描く彼らは、今まさに反撃しようとしているようにも、抵抗するふりをしているようにも、抵抗するふりでこちらをからかっているようにも見える。たとえ権力や暴力を示唆するナイフなどの凶器を持っていなくとも、この子どもたちは、力を持っているのはキュートなものとそれを見る側のどちらなのか、

図 5.3　奈良美智《This Is How It Feels When Your Word Means Nothing At all》(1995)。キャンバス、アクリル、19.88 x 15.55 in.（50.5 x 39.5 cm）。写真は作者の厚意により掲載。©Yoshitomo Nara, Pace Gallery の厚意により掲載

という私が第3章で論じた疑問を明確に体現している。たしかにこの子どもたちを見ていると、力を持っているのはどちらなのか――すべてを掌握しているのは、本当に見ている側なのか――を疑問に思わずにはいられなくなるし、そもそも、私たちがなぜ力関係をこれほど気にするのかについても考えさせられる。先にも述べたように、キュートは「その力の意味と目的は何なのか?」という問いを投げかけるが、奈良美智の作品以上にその疑問を鮮やかに描き出している絵は他にない[★11](図5・4)。

＊

キュートの捉えどころのなさは、一九四五年に歴史的な転換点を迎えた日本という国のその後のあり方としても、あからさまな暴力を自国から一掃するという強い意志の表れとしてもまさに理想的だ。それと同時に、この捉えどころのなさは、日本という国の、一種ステレオタイプとも言える自己認識とも非常によくなじむ。日本は自国のことを、曖昧さの天才であり、物事を明言したり、白黒つけたりすることを避けるのが得意と考えている。また、同時に違う場所に存在することもできれ

図 5.4　奈良美智《Fight It Out》(2002)。紙（封筒）、色鉛筆、15 x 9 in. (37.5 x 24 cm)。写真は作者の厚意により掲載。©Yoshitomo Nara, Pace Gallery の厚意により掲載

ば、同時に違う気分になること、それも正反対の気分になることもでき、真実でもあり、偽りでもあるというどっちつかずの状況を認めることもできると思っている（そもそも私たちは、自分が、あのキュートのスペクトルのどのあたりにいるのかさえ明確にはわかっていない）。さらに、枯れ木のような植物を育てる園芸や、わざと歪めた陶磁器の逸品、〈わびさび〉の美学を見ても、日本人が完璧さのなかのいびつさを、いびつさのなかの完璧さを愛で、不完全なもののなかに美しさを、さらには叡智さえも見出していることがわかる。そしてそのすべてにみなぎっているのが、何とも言えない軽さだ。

日本人自身や外国人たちの日本観に大きな影響を与えているこのような特徴の多くは、「具体的なことは言わず、謎めいた一七の音で全世界を示唆する」俳句に具現化されている。

やあしばらく
花に対して
鐘つく事★12　（松江重頼、一六〇二－一六八〇）

あるいは

京にても
京なつかしや
ほととぎす★13

（松尾芭蕉、一六四四－一六九四）

だからハローキティは、鋭い爪と牙を持ち、鮮血を垂らしているクマのキャラクター、グル〜ミ〜に引っかかれた血まみれの顔で現れることも、第二次世界大戦の特攻隊員の格好で現れることもできるし、たとえそのような痛ましい姿や暴力的な姿で現れても、そこで明確な賛否の声が上がることはない。また、ポケモンで一番人気のモンスターで、日本版ミッキーマウスとも言えるピカチュウも、善いモンスターか、悪いモンスターか、という二元論的区分に囚われていないところがいかにも日本的だし、穏やかさと粘り強さというどこか物悲しい組み合わせもまた日本的

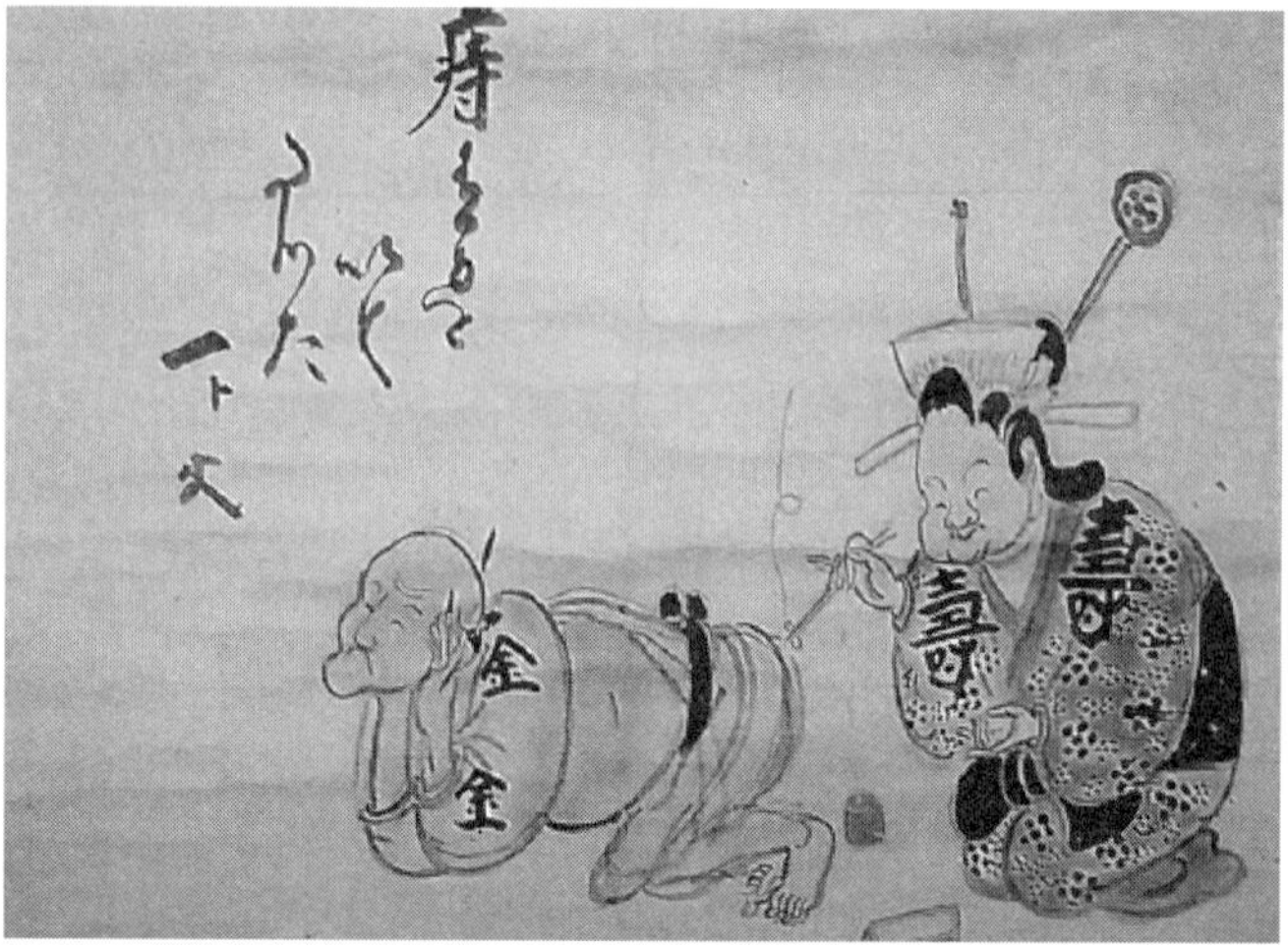

図 5.5　白隠慧鶴《お福御灸図》。56 x 64 cm、永青文庫美術館蔵

だ[★14]。このような特徴は一七世紀の日本の僧侶たちの書画にも見ることができる。その好例が、臨済宗中興の祖と称される禅僧、白隠慧鶴（一六八五―一七六八）の作品《お福御灸図》だ（図5・5）。

この、実にけっさくな白隠の絵からもわかるように、斬新なタッチと絶妙な遊び心、そして冗談めかしたグロテスクさで表現されたカワイイの精神は、一七世紀のほぼ同時期に作られた根付にもよく表れている。根付とは「当初は、男性の帯にさまざまな小物を吊す留め具という

図 5.6　18 世紀の象牙の根付。メトロポリタン美術館蔵、ラッセル・セイジ夫人寄贈。1910；10.211.484

極めて実用的な目的で作られたもの」で、ポケットがなくても小物を携帯できる便利グッズだった。その後、二〇〇余年のあいだに根付のモチーフは驚くべき自由度で進化し、カタツムリやカボチャ、野兎、エロティックな小像など、豊かなバラエティを持つようになった。この根付は、「神々や普通の人間や動物を、極めて写実的に表現した彫刻」だが、「ユーモラスでグロテスク、そしてきわどい」[★15]ものも多く、非常にキュートだ（図5・6）。

じつは日本では、現代のカワイイに通じる感性が、一六、七世紀どころか、もっとずっと前から存在していた。なんと、平安時代（七九四－一一八五）の一一世紀、〈キュート〉という英語が初めて記録された時期のさらに七〇〇年も前から、日本にはその感覚があったのだ。現在のカワイイ崇拝の誕生に先立つこと千年、中宮定子に仕えた女房で歌人でもあった清少納言は、あの有名な随筆『枕草子』に「小さきものはみなうつくし」と記し、かわいらしいと思うものをつらつらと列挙している。

瓜にかきたるちごの顔。雀の子の、ねず鳴きするにをどり来る（……）二つ三つばかりなるちごの（……）いそぎてはひ来る道に（……）八つ、九つ、十ばかりなどの男児の、声はをさなげにてふみ読みたる、いとうつくし。[★16]

留意すべきは、清少納言がかわいらしいと感じているのは子どもの顔だけではないという点だ。そう、彼女は、コンラート・ローレンツが指摘した愛らしさの特徴、それを見た大人が守ってやりたいと反応してしまう特徴だけをかわいらしいと感じているのではない。彼女がかわいらしいと感じているのはもっと滑稽なもの、スイカに描かれたり彫られたりした子どもの顔だ。また、雀の子がチョンチョン跳んでくるだけでも愛らしいのに、ネズミの鳴き声に寄ってくるところがなおかわいらしいと彼女は言っている。意外性があり、奇怪で、誇張されたいびつなもの——それが、たんなるかわいらしさにプラスアルファの魅力を与えているのだ。小柄な殿上童《てんじょうわらわ》が、ぶかぶかの儀式用装束をまとった姿も、カボチャに絡みつくヘビの根付も、草履の上に座るカエルやいびつな盆栽もまた同様だ。

ではなぜ日本では、こういった過激なタイプのキュートに寄った〝愛らしさ〟が好まれるのだろうか？　今日、日本の各地では、少々まぬけでキュートなキャラクターがご当地マスコットとして地域の特産品や組織、イベントのプロモーション活動に勤しんでおり、人気イラストレーターのみうらじゅんは、このようなマスコットについて「古事記の時代から八百万の神をキャラ化してきた日本の伝統」と語っている。★17

これはまさに正鵠を射た見方だろう。自然界や生命には精霊が深く関わっているという考え方――人間の本能的な精霊信仰は、一神教信仰の文化による長年の抑圧にも耐え、根深く残っている――は多くの国や地域で見られるが、特に日本ではそれが依然として重要な役割を果たしている。伝統的に見て、日本の精霊はのんきなタイプ、もっと言えばキュートなタイプが多い。たとえば、日本の国つくり神話に登場する神のひとりスサノオは、姉で太陽神のアマテラスが洞窟に閉じこもって世界が闇に閉ざされたとき、姉を洞窟から出そうと一計を案じ、アマテラスがつい覗いてみたくなるような滑稽な見世物を天岩戸の前で催したとされる。★18

また、村上隆の「威嚇するかのように凝視する植物やキノコに取り囲まれた〈不

図 5.7　村上隆《不思議の森の DOB くん》（青い DOB）（1999）。繊維強化プラスチック、樹脂、繊維ガラス、アクリル絵の具、鉄。個人コレクション。Marianne Boesky Gallery（ニューヨーク）の厚意により掲載。©1999 Takashi Murakami。写真 ©Christie's Images/ Bridgeman Images

思議の森のＤＯＢくん〉」[19]も、八百万の神を信じる神道の世界観を彷彿とさせる（図5・7）。

さらに古代の昔から信仰されてきた木の精もそうで、これは宮﨑駿の名作アニメ映画『もののけ姫』（一九九七）で〈こだま〉として徹底的にキュート化されている。愉快で、少しよそよそしい不気味なキュートを〈こだま〉は完璧に体現しているが、この不気味さは、ハイデッガーやサルトルが語る、不安で孤立した不気味さとはまったく違う。すばしっこくて、まぬけで中性的、そしてなじみがあるようなないような捉えどころのなさを持つ彼らは、まさにキュートの精神の象徴だ（図5・8）。一七八一年ごろの〈木魅《こだま》〉の木版画も、スタイルこそ違うが、やはりキュートであることに変わりはない（図5・9）。

しかし、現代の日本に精霊キャラが蔓延していることと、神道の神々の豊かな歴史を結びつけるだけでは、今日のキャラクターのほとんどがキュート化されていることの十分な説明にはならない。神道の歴史が、世に漫画風のキャラクターを生息させたいという衝動を生んだ可能性はあるし、もしそうであればキュートという感

図 5.8　こだま、『もののけ姫』（1997）より。スタジオ・ジブリ。Photo 12 / Alamy Stock Photo

図 5.9　鳥山石燕《画図百鬼夜行》より「木魅」（1781年頃）

性はずっと昔から存在していたことになる。だがそれだけでは、一九六〇年代、そして一九七〇年になって突然、日本の精霊キャラクターが圧倒的にキュート化していった理由の説明にはならない。

＊

あまたある感性のなかでも、なぜキュートという感性が現代日本人の想像力をここまで虜にしたのか。なぜキュートは、古代の伝統である精霊キャラを現代によみがえらせたのか。その理由を説明するには、一九四五年以後の日本の国家的使命、すなわち力のあからさまな誇示は国内的にも国際的にも断固否定する、という使命を振り返る必要がある。

暴力的な本能を根絶または昇華し、自他ともに認める平和国家になる努力を重ねてきた日本は、第二次世界大戦後の世界の潮流において、極めて急進的な存在だった。というのも戦後の西欧では、世界の秩序が力関係で決まることを疑問視し、最終的にはそこから脱却すべきだという考え方が広まったが、当時はまだそれが明確に顕在化してはおらず、いわば潜在的かつ暗黙の概念のままだったからだ。

いっぽう日本では、力関係のパラダイムから脱却するという壮大な国家的意志が、この国のお家芸である曖昧さや、小さなものへのこだわり、さらには豊かな遊び心ともうまくかみ合い、それが変幻自在なキュート文化へとつながった。もしキュートがあくまでものんきで曖昧なものだと言うのなら――そして曖昧さの解消は精神の貧困化だと言うのなら――、日本でキュートが生まれるのはごく自然のなりゆきだ。

現代日本のキュートを、ガール・カルチャーやそのファンたち(男性も含む)だけのものとみなすのは誤りだと私が考えるのもそのせいだ。また、キュートを、たんに控えめでか弱いフェミニンさを演じる若い女性の自己提示と考えるのも、思春期の少女の倒錯性あるいは少女崇拝でしかないと捉えるのも誤りだ。戦後のキュートの精神に、そういった側面が際立っていたことは確かだし、そのようなキュートの表現は今も巷に蔓延している。だがそれは、キュートの数ある形態の一部でしかない。したがって、日本人がキュートに夢中になる動機が主に、無数の義務が伴う厳格な階層社会からの逃避願望、あるいは悩みのない幼年期の世界への逃避願望――

たとえば一九八〇年代、三〇歳未満の日本人の多くが不自然に子どもっぽい話し方や服装をし、〝子どものふり〟をする姿を人に見せたがった――と考えるのもまた、誤りに思える（実際、子どものふりをする〝ぶりっこ〟や〝ぶりっこ〟のキュートさにとっては、その子どもっぽさが偽物だということ、そしてそれを周囲が〝わかっている〟ことが重要だ。もし、その子どもっぽさが本物なら、現実から逃げ出そうとするその姿は、悲しいだけでしかない）。★20

また、そんな日本でも親しい間柄においては、キュートさはそれほど重視されていないように見える。これは、日本に一年間住み、東京大学で教鞭をとった私の個人的印象だが、親密な人間関係――親子、きょうだい、恋人や夫婦など――では、キュートを表現する決まりごともシンボルもほとんどない。恋人同士の場合、つきあいはじめのころは、キュートな軽口や悪ふざけも見られるが、関係が深まって真剣な交際になると、彼らのコミュニケーションは驚くほど堅実なものになる。子どもも、特に女の子の場合は、両親からキュートなプレゼントをもらうことも多いが、それでも現代の日本では、子ども部屋や家庭生活がキュート崇拝の主要な舞台となっているようには見えない。

むしろキュートが幅を利かせているのは家庭よりも公の場で、キュートは、若者の集団的ペルソナや人気スターの仕草、村上隆や奈良美智たちのアート作品、労働市場における若い専門職の女性たちのふるまいなどに顕著だ。シャロン・キンセラによれば、男性優位の日本の職場は若い専門職の女性たちにおおむね〝敵対的〟なため、彼女たちは「労働市場に躍り出た自分たちが悪目立ちしないように、自らをピンク色やキャンディやハローキティで飾り、無害なふりをする」という。[★21]もちろん、キュートは広告や消費財、銀行、交番、自衛隊、政府広報にもあふれている。日本研究者のブライアン・マクヴェイは、企業などの大きな組織では、キュートは上司と部下、特に男性の上司と女性の部下の「上下関係を強化」し、さらには「下の地位にいる者は、権力者の庇護と共感を必要としている、という考え方も強化」[★22]すると語っている。

前にも述べたが、心理学者のゲイリー・シャーマンとジョナサン・ハイトは、キュートはたんにローレンツが指摘したような親の「世話焼き行動の解発因」というだけではなく、子どもや肉親以外の相手への「社交的行動を誘発する直接的解発因」でもあるとしている。キュートなものに対する反応、すなわちキュート反応は、もともとは子育ての動機づけとして進化したのかもしれないが、それは、道徳的関心領域の拡大を促す完璧な刺激でもある、というのだ。[★23]

　シャーマンとハイトのこの説は、カワイイがその力と存在感を発揮するのは、私的空間よりも公の場だという私の指摘とも一致する。先にも述べたように、もし日本のキュート崇拝が、日本の国家的意志、すなわち日本が平和国家であることを国の内外に知らしめるという意志と直接関係しているのであれば、キュートが最も重要かつクリエイティブな存在でいられるのは当然、公の場でなければならない。なぜなら、公の場こそが、過去に悲劇的な過ちが起きた場所であり、カワイイが持ち前の浅はかさ、無害さ、曖昧さで、軍国主義時代の日本の精神と深く関わる真面目さ、残忍性、従順さを否定する場所だからだ。

第６章　金正日のキュートさ

キュートはたんに愛らしいだけではなく、その言葉の背後には広大なる曖昧な世界が広がっていて、それは「どの有名人がキュートで、どの有名人がキュートではないか」という簡単な質問を自分に問いかけるだけですぐわかる。たとえば政治指導者のなかで、キュートなのは誰で、キュートじゃないのは誰か、と考えてみてほしい。もちろん、答えは人によって違うが、その答えは迷うことなく一瞬で頭に浮かぶはずだ。また、キュートか否かの判断に、無邪気さや無害さといった愛らしさの要素の有無は関係なく、その人物の善良さや高潔さささえまったく関係ないこともわかると思う。私の個人的意見を言えば――読者のなかには異論もあるだろうが――、ルーズヴェルトとチャーチルにはキュートな要素があるが、マーガレット・サッチャーとシャルル・ド・ゴールにはない。ジョージ・W・ブッシュとゴルダ・メイアにはあるが、ジョージ・ブッシュ・シニアとバラク・オバマにはない。ビル・クリントンにはあるが、ヒラリー・クリントンにはない、といった感じだ。

独裁者たちについても、このキュートかキュートじゃないかのゲームは応用できる。私に言わせれば、金正日には多少のキュートさがあるし——だがこれは、彼の統治下にいないからこそ言える言葉だ（もちろん、どんなことについても北朝鮮国民の心情を代弁することができないのは承知している）——、彼の父の金日成にもある。しかしその息子、金正恩は、体型こそ丸々しているが、そこにキュートな要素はない。

また、ドナルド・トランプという人物を理解するうえでも、キュートさは重要な要素だ。

つまり、ある指導者をキュートと感じるかどうかは、その人物が本質的に無害で無邪気だとか、従順で善良だとかいったこととは関係ないのだ。そのことは、チャーチルやスターリンといったまったくタイプの違う指導者を見ればよくわかる。キュートではないリーダーたち——たとえば、世間からさんざん揶揄《やゆ》された日本の森喜朗元首相やイギリスの首相テリーザ・メイ――も同様で、彼らだって凶暴でもなければ、強くもなく、俗物でも、支配的でも、邪悪でもない。

それは、自分がどんなものをキュートと感じるかについて考えるだけでも、すぐわかる。私たちは別に、その存在の無防備さや小ささ、子どもっぽさ、柔らかさ、手触りのよさで、キュートだと感じているわけではないからだ。したがって私にとっては、チャーリー・チャップリンは――意外にも――キュートではないが、ショーン・コネリーはキュートだ。また、レディ・ガガはキュートではない。だが（たとえハローキティの扮装をしても彼女はキュートには見えない）、マリリン・モンローはキュートだ。そしてマドンナと中国の習近平総書記は、まあボーダーライン上といったところだろう。

こうやって分類していくと、キュートな人やものはどれも、正反対だがどちらとも決めかねる次のような特徴を併せ持っていることがわかる。もちろん、キュートなものが、これらの性質すべてを有しているというわけではない。

・強さと無防備さ
・強い自意識と天真爛漫さ
・立派さとばかばかしさ
・四角四面さとひょうきんさ

・恐ろしさと優しさ
・強気と自信のなさ
・落ち着きと移り気
・美しさと陰惨さ

＊

そしてもうひとつ、どっちつかずであることの現れであり、キュートなものの特徴としてよく見られるのが、先にも触れたいわゆる両性具有だ。キュートなものの場合、男らしいだけ、あるいは女らしいだけ、というものはほとんどなく、特に顔は、男女両方の特徴を兼ね備えているものが多い（これも、日本でその例を見ることができる。たとえば、髭を剃り、眉毛を整え、化粧品を使って、より女性的な男らしさを目指す青年たちや、現代舞踊の一種〝舞踏〟における男性ダンサーの女装、文壇・論壇など各界の著名人たちの女装写真集『たまゆら』[★1]はその例だろう）。

先にも触れたように、E.T.やハローキティ、《バルーン・ドッグ》なども驚くほど中性的だし、現代のファッションモデルたちのボディも男女ともに贅肉がそぎ落とされ、手足も痩せてひょろひょろだ。また、村上隆の作品《不思議の森》に登場するキャラクター、DOBくんも、ある意味、中性的と言えるだろう（図5・7）。

そして《バルーン・ドッグ》やDOBくん同様、キュートな政治指導者たちも、男女両方の顔の特徴を併せ持とうとすることが多い。もちろんここでも重要になるのは、男女どちらとも言いきれない曖昧さだ。たとえば、その人物の強さを過剰なまでの攻撃性で表現してしまうと、それは弱々しすぎる無防備さと同じで、キュートさは一瞬でぶち壊されてしまう。したがってスターリンや金正日のようなリーダーは（サダム・フセインや彼の凶悪な息子、ウダイ、クサイといった非キュートな独裁者たちとは違い）、自分が人殺しに手を染めていることを知られたり、目撃されたりしないよう、細心の注意を払っている。だからイスラミック・ステートやアルカイダといったテロリスト集団には、キュートさがいっさい感じられないのだ。

そうだとすれば、北朝鮮のポスターに描かれた金日成が、男性とも女性ともつかない中性的な風貌なのも、たんなる偶然ではないのかもしれない。彼は「子どもの徳を体現する半陰陽の親的存在」であり、純粋に男らしい男というよりはむしろ、性別の曖昧な神として描かれているのだ。実際「奇妙に中性的あるいは半陰陽的に描かれた金日成像は、国民の父親的存在として描かれていた東欧の（共産主義時代の）指導者像よりずっと魅力的に見える」[★2]。意志が強く、物柔らかで、清潔感にあふれた金日成の肖像は彼を、強いけれど道徳的で純粋、そして不屈の精神を持ちながらも威圧的ではない人物に見せている。そう、父親と母親の美徳の両方を併せ持つ人物、神のごとき冷静さで、人民の幸福のために休むことなく無私無欲に働く人物というイメージだ。また少々ふっくらと描かれたその体型は「持って生まれた無邪気さに身を任せる、という（朝鮮）民族が新たに手に入れた自由」[★3]の象徴であり、彼が人民に与えてきたとされる北朝鮮の繁栄の象徴だ。

つまり彼は、キュートな人民を支配するキュートな指導者、というわけだ。

＊

しかしここで重要なのは、ちょっとしたキュートさがあるベヒモス（旧約聖書に出てくる怪物）――スターリンや金正日、金日成――は、〝ベヒモスなのにキュート〟なのではなく、〝ベヒモスだからキュート〟なのだという点だ。前にも述べたように、彼らが持つどちらとも決めかねる不確定さ、すなわち曖昧さが、キュートさを際立たせるのだ。実際、そのようなベヒモスは両性具有よりさらに極端なアンビバレンスを体現している。考えうる限り最も極端なアンビバレンス、すなわち人間でありながら人間以外（あるいは非人間的なもの）の存在でもあるという両面性だ。そんなベヒモスは、幼児特有の柔らかさや丸っこさを持ちながら、E.T.のように何かまったく異質なものも有している。また、普通の人の感覚だけでなく、それを完全に飛び越えた世界、一般の人々が知ることも、完全に理解することもできない世界も知っている、と思わせる何かを持っている。

　ここでも見る人を虜にするのは、なじみのあるものがなじみのないものに、なじみのないものがなじみのあるものに変容するところだ。迷路の隙間につい引き込まれていくように、私たちは、そういった存在に惹きつけられる。風貌の子どもっぽさは、普通の人間ではないという彼の本質――およびその秘密の力――を親しみやすいものに変えるが、同時に、そこにある究極の異質さも際立たせる。そんな彼のモンスター性がよりいっそう魅力的に見えるのは、それがごく普通の人間的要素と組み合わされているからだ。ヒッチコック映画の『鳥』のように、私たちがありきたりな生き物が生み出す恐怖に強く惹きつけられるのは、よく知っていると思っていたものが、突如、恐ろしく奇怪なものとなり、見慣れているはずのものから見たこともないような暴力が吹き出してくるからだ。そんなふうに、既知のものと未知のものが決して無関係ではなく、じつは隣り合わせにあったのだと気づいたとき、私たちは不安を覚えるが、同時にその意外性に心を躍らせたりもする。それが日常のスパイスとなり、非日常へと足を踏み入れる手段になるからだ（図6・1）。

つまり金正日は私たちに、不気味なキュートさを醸し出す手段（キュートのスペクトルの〈愛らしい〉だけの側に行かない方法）を教えているのだ。彼もまた中性的で――たぶん父親の金日成よりもっと中性的だ――、一見したところは子どものようだが、同時に、すべてを理解し、見通しているかのようにも見える。また、絶対的独裁者ならではの超人的に安全な地位を満喫しているように見える一方で、脆弱さを思わ

図6.1　金正日の死亡時（2011年）に発表され、葬儀パレードでは肖像画運搬車両に掲げられた彼の公式肖像画。Wikimedia Commons、Momocalbeeによりアップロード

せるなんとなく曖昧な部分もある。たとえば、彼が飛行機での移動を怖れていたことは有名だし、まるで人目を怖れているかのように、妻や家族と一緒に現れることも、公の場で語ることもほとんどなかった。

この種のキュートな存在となるには、ひどく違和感のあるものと非常になじみのあるものを隣り合わせに組み合わせることが肝心だ。だがもちろん、人間と人間以外のものを組み合わせるだけで、すべてがキュートになるというわけではない。その一例が人魚で、一般に美しいとされる人間の若い女性と、人間とはまったく異質な魚——恒温動物と変温動物——を組み合わせてもキュートにはならない。なぜなら、人魚が持つ違和感はあまりにも普通、すなわちわかりやすいからだ。私たちは、魚がどういうものかも、若い女性がどういうものかも知っている。よく知っている二つのもの、それもどちらも魅力がそこそこのものを組み合わせても、人にキュートを感じさせるような不確定性を生むことはできない。

いっぽう、誰が見てもキュートな村上隆のDOBくんは、ちゃんとそのタイプの不確定性を醸し出している。陽気なキノコやド派手な植物が棲む少し不穏な世界を描いた図5・7の『不思議の森のDOBくん』に登場するこの風変りなキャラクター、DOBくんには、慎重に抑制された暴力と脆弱さの両方があるが、これこそまさに初期と後期のミッキーマウスの融合、すなわち当初のミッキーの威嚇的な性質と、のちに追加された穏やかさの合体に見える。

それよりもう少し単純な例がジェフ・クーンズの《バルーン・ドッグ》だ。この作品も、よく見慣れたもの——か弱そうな小さな犬——が、ソフトさや、ふわふわの毛といった犬っぽさとはまったく無縁の存在感抜群の高クロムステンレス素材で作られているところに、キュートさがある。
　また動物も、くすぐられて嬉しそうにキーキー笑うペンギンや、鏡に映る自分の姿を真剣な表情で見つめる子犬、猫に身体をすり寄せる鹿など、その動物にふさわしくない、ひどく人間くさい行動をしたときに、ものすごくキュートに見える。★4
このように、正反対または明確に違う特徴同士が組み合わされたときにいちばん、人はそれをキュートだと感じるのだ。つまり、人間と神のようになじみのあるものとなじみのないもの同士、またはなじみのある二つのもの同士——男性的と女性的、子どもと大人、動物と人間、怖いと優しい——を、調和させるのではなく、ふざけた調子で組み合わせてその違いを際立たせたとき、最もキュートになるのである。
　このようになじみのあるものとなじみのないものが並置されることで生じる徹底的な不確定性は、さまざまなかたちのキュートなもので私たちが経験する、あの魅力的な現象を思い出させる。その現象とは、次の章で取り上げる〈不気味さ〉だ。

第7章　キュートと不気味さ

ここで言う不気味さとは、たんなる薄気味悪さや恐ろしさのことではなく、見る者がつい惹きつけられ、魅了されてしまうような不気味さだ。

たとえばもし、暗い路地で暴漢の存在を思わせる怪しい音が聞こえたとしても、あなたはそちらに吸い寄せられてはいかないだろう。また、ビーチのデッキチェアでくつろいでいるとき、はるか遠くから津波を思わせる不穏な音が聞こえてきたとしても、その音にうっとりと聞き惚れたりはしないはずだ。けれど、まだ生きているかもしれないと聞かされた死体や、身近な子どもが強い絆を感じている人形を見れば、私たちの視線はそこに釘づけになる。また、誰も歩いていない床がきしんだ、願った何かが偶然目の前に現れた、一日に何度も同じ数字に遭遇した――クロークのチケット番号や、ちょうど到着したバスの番号、亡くなったと知らされた友人の享年がみな四八だった——、建物を出るたびに同じ人物がこちらを見ていた、といった現象にも強い関心がかき立てられる。

では、なぜ私たちは、人を不安にするこの類いの状況にことさら惹きつけられるのか。それは、子どもっぽい欲望や、空想や、迷信的な思考を思い出させるからだ、とジークムント・フロイトは言う。以前は私たち（または私たちの祖先）もよく知っていたのに、ずっと抑え込んできたせいですっかりなじみのないものになってしまった（あるいはたんなる迷信と片づけられるようになってしまった）子どもっぽい欲望や空想や遠い昔の思考を思い出させるから、つい惹きつけられるというのだ。つまり不気味なものとは「もともとは新しいものでも異質なものでもなく、精神生活にとって古くから馴染みのものであり、ただ抑圧プロセスのために、疎遠なものになっていただけ」[★1]なのだ。そしてそれは「熟知したものや古くから知られているものによって生まれる恐ろしさなのである」[★2]。

しかしなぜ私たちは、そうやって抑え込んできたものに惹きつけられるのだろう。

普通、不愉快なことや忘れたいことは心のなかで抑え込むが、思い出したいことを抑え込んだりはしない。それなのになぜ、そんな不愉快な経験を、私たちは無理矢理繰り返そうとするのだろうか？ それは、繰り返したいという反復強迫が、私たちの本能に組み込まれているからだとフロイトは言う。そしてこの無意識の衝動を思い起こさせるものすべてを、私たちは不気味なものとして受け止める。また、あらゆる本能のなかでも、迷信的思考や死の恐怖の根底にある本能以上に原始的で、確実に繰り返される本能は他にないという。フロイトによれば、私たち現代人は古代の人々が信じていた邪視の魔力や亡霊、精霊といった迷信を、すでに克服したと考えているが、それはたんに意識下に抑え込まれているだけで、ふとした出来事でその存在が再び姿を現すと、それはたちどころに活性化するというのだ。

そこで話は再びキュートに戻る。なぜならキュートには、非常に特殊なかたちの不気味さ、すなわち陽気で、不真面目で、控えめな不気味さがあるからだ。クーンズの《バルーン・ドッグ》にも、金正日にも、さまざまな扮装をしたハローキティにも、万人受けする魅力的な親しみやすさがあるが、同時に彼らには、どことなく異質で怪物的な雰囲気もある。そう、人々がキュートなものに惹かれるのは「なじみがあって、脅迫的ではないものとのあいだに、これまで以上に親密で感覚的な関係を結びたい」[★3]からだけではない。なじみのあるものとないものが隣り合わせにあることで両者の特徴が際立ち、なじみがあるのかないのかわからない不安定な状況が生まれているからこそ、キュートが魅力的に見えるということも多いのだ。

先に挙げた三つの例もみな、なじみのあるものが、なじみのない姿で私たちの前に現れている。たとえば《バルーン・ドッグ》は、誰もがよく知っていて、つい守ってやりたくなる存在である犬が、脆弱でありながらひどく堅そうな巨大犬として提示されている。この変質は、恐ろしいというだけでなく、ひどく不吉だ。また金正日は、近寄りがたい不可知の怪物であり、厳しいまなざしと温和な笑顔を併せ持つふんわりヘアスタイルの守護者、そして北朝鮮の人民の生死を握る超人的な権威者で理想的な父親像だが、よく見ると非常に中性的な存在として描かれている。そしてかわいらしい猫の女の子、ハローキティも、パンク・ロッカーや海賊のいでたちで登場することが少なくない。

キュートなものは、それがどんなに取るに足りない平凡なものでもかまわない。というよりむしろ、平凡であることがいちばん重要なのだ。なぜなら、平凡なものがなじみのないものに見えたときに初めて、私たちは普通のものが持つ不気味さに衝撃を受け、そのキュートなものをまったく新しい、特別なものとして体感するからだ。

＊

しかし不気味さは、まったく逆のパターンで生まれることもある。つまり、一見なじみがないものに、なじみのあるものの片鱗が見えたときだ。異様に大きなステンレス製の犬にもごく平凡なところはあるし、雲上人の金正日にも北朝鮮国民ならすぐにそれとわかるソフトな子どもっぽさがある。またどちらも、元の状態へと戻るいささかの退行が見てとれる。すなわち《バルーン・ドッグ》は非常に若い犬に見えるし、成人の金正日にはネオテニー的（性的には成熟した個体だが、幼体の特徴を保っていること）側面がある。またミッキーマウスも、世界中の人々が見守るなか、わずか半世紀でぐっと若返ってしまった。

さらに、なじみがあるものとなじみのないものの境界線と両者の関係性――そして現実的なものと空想的なもの、定着したものと根絶されたもの、日常的なものと特別なもの、発展したものと原始的なものの境界線と関係性――が明確にはわからないという点も重要だ。その境界は非常に謎めいているが、その謎が持つカリスマ性もまた、私たちが不気味なもの――そしてキュートなもの――に惹きつけられる理由のひとつだ。

この謎は、個人の、または集団の過去だとフロイトは言う。ずっと抑圧されていたものがなじみのないかたち――亡霊や、死んだ祖先の気配、摩訶不思議な出来事、生霊、デジャヴュ、偶然と考えるには偶然すぎる出来事――で舞い戻ってきただけだというのだ。さらに彼は、そのような謎を追求することも、迷信と思っていたがじつは実際にあるのかもしれないと考えることもすべきではないとし、そんなことをすれば、私たちの自我やアイデンティティは崩壊し、成人してからの人生や恋愛は台無しになり、最終的には狂気へ追いやられることになる、とも言っている。

私たちはその謎を解くことができないし、それを避けることもできない。また、不気味さもキュートと同じで、見る人を誘いつつ、いざとなればひらりと身をかわす名人で、狩るものと狩られるもの、本当に力を持っているのはどちらかを問いかけてくる。また、捉えどころがない——なじみがあると思っていたものやカテゴリーが曖昧になる——ところも、無秩序や曖昧さを生むところもキュートと同じだし、正反対のものになったり、その両方になったり、そのどちらでもないものになったりと変容して一般的な境界を曖昧にしてしまうところもキュートとそっくりだ（それが、人間なのか超人なのかわからない金正日であり、男性的でも女性的でもあるＤＯＢくんであり、儚さと奇怪さの境界が曖昧な《バルーン・ドッグ》だ）。さらに、キュート同様、不気味さも、大人としてのあるべき自分の姿より原始的な自分自身に近い。だから私たちは自らを見知らぬ人のように感じてしまい、大人である現在の自分と子どもだった過去の自分の狭間の無人地帯にいるような気持ちに襲われるのだ。

第８章　キュートの擬人化は何が問題なのか

キュートは、人間ではないものに人間の性質を押しつけ、世界をむやみに擬人化する人間の自己陶酔的感性だとよく非難される。キュートはどんなものでも――自然、動物、果物さえも――、人間以外の存在でいることを許すことができない。だから、帝国主義的強引さですべてを人間の支配下に置き、人間ではないものでさえ無理矢理人間の型にはめて、人間のニーズに順応させてしまうのだ。

先に触れたダニエル・ハリスも、キュートについて論じた有名なエッセイでこれを批判し、「キュートな世界観」は「壮大な人間優越主義」と断じている。その堕落は早い時期から始まる、と彼は言い、「一般に擬人化は、子ども向けの本が利用する修辞学的戦略で、物語はたいてい、動物による一種の服装倒錯によって語られ、犬や猫、熊、豚」は「人間の服装やふるまい」を強いられていると語る。この擬人化は「はみだし者や異質なものの集団を作り、子どもと大人の両方が収集したり、かわいがったり、奴隷化したりできる、愛らしいけれど人間より劣った品種を作り出す」。したがって「キュートさの自己愛」とは、「自然界を自然のまったくない世界に塗り替えること、〝異質さ〟を消し、人間以外のものを徹底的に抑圧し、自分たちと違う存在は、たとえわが子でも許さないこと」[★1]を指す。

いっぽう、これと同様のことをもう少し微妙なニュアンスで語っているのがシアン・ナイだ。彼女は「擬人化戦略」を「キュートの支配的な比喩」[★2]、すなわちキュートがよく使う比喩と捉え、そのような戦略はすぐに「支配的な態度」に変わって相手の力を奪い、やがては声さえも奪ってしまう（「話すことを認めない」）と指摘する。そして彼女は、牡蠣や煙草といった日常的なものをテーマにした散文詩で知られるモダニストの作家、フランシス・ポンジュ（一八九九－一九八八）の詩『オレンジ』を引用し、この詩は言葉を持たない物に表現する力を与えることが、いかに相手を支配し、傷つける擬人化的行為であるかをよく表していると語っている。ポンジュは彼独特の曖昧な表現で、次のように書いている。

オレンジにも、海綿にみられるような、圧搾の試練に耐えて元の容積を取り戻そうとする欲望がある。しかし、海綿ではそれが成功するのに、オレンジでは決してうまくいったためしがない。何故なら、オレンジの房はみな破れてしまい、組織が引き裂かれてしまうからだ。ただ皮だけが、自分の弾性のおかげで無気力にもとの形態に復帰する。だが、勿論、琥珀色の液体は、爽快さと甘美な芳香とをともなって——しかしまた、しばしば未熟のまま種子を排出してしまうという苦い意識をもともなって、流れ出てしまっているのだ。[★3]

ナイは、オレンジに表現力を与えるという行為は、オレンジに「言葉を与えて意味のある存在にするのと同時に、その〝本質〟をも吐き出させることであり、事実上、オレンジに傷を負わせること」だと指摘する。さらに「オレンジの房はみな破れてしまい、組織が引き裂かれてしまうからだ」というくだりを例にとり、擬人化はその対象物に力を与えるどころか、その対象物を「侮辱し、傷を負わせる行為だ」[★4]と主張する。

キュートなものと、それをキュートと感じる側との力関係についてのナイの分析はわかりにくい。彼女によれば、キュートなものは、自分を見ている相手に対して想像上の〝仕返し〟ができるため、「頼りなげであると同時に攻撃的」[★5]に見え、支配されているのに、逆に支配しているように感じられるのだという。ゆえに「物を人格化できるのなら、人も（また）モノ化できる」という逆転も可能だというのが彼女の主張だ。[★6]

さらにナイは、キュートの美学には「支配と受動性、残酷さと優しさのあいだの揺らぎ」があると言い、キュートを「特徴づける力と無力さの弁証法」はつねに「過度に客体化されたものは主体性をもつという幻想」を前提にしていると指摘しているが、キュート「お得意の比喩」である擬人化に関しては、擬人化によってその対象物に主体性を与えているにもかかわらず、擬人化はその対象を操り、搾取すると結論づけている。[★7]

＊

しかし、キュートの擬人化がもたらす効果については別の見方もある。対象の擬人化は、その対象物の異質性を認めて敬意を払う手段だという見方だ。おそらく、エミリー・ディキンソンが彼女のすばらしくキュートな詩で実践しているのもそれだろう。小さな天使、小妖精のようなキノコ、頬を膨らませたリスたちはみな、ディキンソンのキュートな世界の住人だ。だがしかし、彼女は「フワフワしたかわいい動物だけでなく、虫や墓石や遺体、存続の危機に瀕したプロテスタントの神、そして時間や空間や尺度の問題まで詩にしていた」[★8]とアンジェラ・ソービーは指摘する。ここでは、擬人化は相手を傷つけるというよりむしろ、相手に寄り添う手段となっている。

たとえば、ディキンソンは作家のT・W・ヒギンソンに宛てた手紙に、彼の幼い娘の死を悼んだ次のような短い詩をしたためている。

墓石のえくぼが
その恐ろしい部屋を
わが家へと変える★9
（訳者訳）

幼子のえくぼ――まさにキュートの権化だ――を連想させるこの詩は、一見すると、キュートがいかにその対象物を卑近化し、歪曲するかを示す格好の例のように見える。えくぼのイメージは死の〝恐ろしい部屋〟――墓石――さえも〝わが家〟に変える、と詠《うた》うことで、生きている証しであるえくぼと、人間の命とはまったく異質な死の領域を結びつけているからだ。だがそもそも、死とわが家は正反対のものだ。たとえば、あのオデュッセウスも、故郷に帰るならまずは冥界の王ハーデースを訪ねよと魔女キルケーに言われた、と嘆きの言葉を部下たちに語っている。

さだめしそなたらは、これから懐かしの故国へ向かうものと思っているであろう。しかしキルケはわれらに別の道を示し、テバイの預言者テイレシアスの亡

霊に指示を仰ぐべく、冥王ならびに恐るべきペルセポネイアの館へ行けとのことであった。[★10]

しかしディキンソンのこの簡潔な詩が行っていることは、対象物の卑近化とは正反対だ。たしかに、えくぼという言葉は一瞬にして、あのコンラート・ローレンツが指摘した、幼い者を庇護したいという人間の本能を刺激するし、私たちはそれによってひとときの慰めを感じる。いや慰めとはいかないまでも、闇や朽ちゆく墓を身近に感じ、そこに横たわる幼子がまだ生きているかのような錯覚を覚え、わが子の死を嘆く父親がこの詩によって亡くなった子どもを身近に感じるかもしれない、とも期待する。だが同時に、このつかのまの慰めによって、失意はさらに大きくなる。死という現実に対する抵抗がやわらぐことで、その現実がさらに間近に迫ってくるからだ。キュートという感覚が押し寄せてくるのと同時に、この父親はもう二度と娘を守ることも、触れることもできないのだと私たちは思い知る。女の子はすでにこの世になく、えくぼは彼女の遺骸に託した儚い希望でしかなく、棺はすでに閉じられた、と思い知らされるのだ。

＊

さらにディキンソンは、文学だけでなく概念もまたキュートになれる、すなわちそこに遊び心があり、ばかばかしく、ダークでさえあれば、概念でさえキュートになれるし、そこに小さくて脆弱で、私たちがつい心を寄せてしまう存在が関わっていれば、なおいっそうキュートになりやすいことを証明している。

そこでもうひとつ、今度は死んだ子どもではなく、死んだネズミについてのキュートな詩を紹介しよう。これは、死んだネズミがあの世の食器棚で幸せに暮らせますようにと神に祈る詩だ。

天国のパパ！
猫にやられてしまったネズミを
どうぞお守りください！

あなたのみ国に
あのネズミの館を用意してやってください
あのネズミが、快適な食器棚でのんびり
一日中、齧っていられますように
不安のない日々が
厳かに粛々と続きますように[★11]

（訳者訳）

ここでも〝擬人化戦略〟が使われているが、それがネズミを侮辱したり、毀損したり、傷つけたりしているようには思えない。いや、むしろその逆で、この詩はキュートさを利用して神の気を引き、ネズミも人間同様に扱ってもらいたい、ひいてはすべての創造物を公平に扱ってもらいたいと訴えているように見えないだろうか？　もっと言えば、神は人間に、地球とそこに住む生き物すべてを与えたもうたが（『創世記』1：28―31）、人間が他の動物を支配するという神の定めたこの序列を、この詩は暗に批判してはいないだろうか？

もちろん、この詩が本当に神を批判しているかどうかはわからないが、この詩がキュートなのは、猫に仕留められてしまったネズミを扱っていることや、神に「天国のパパ！」と呼びかけるノリの軽さがあるからだけではなく、そこに遊び心あふれる曖昧さがあるからでもある。そしてこの曖昧さには、聖書自体の曖昧さも反映されている。聖書は、神が他の創造物より人間をひいきしているのかどうかを明確にはしていない。神は人類に動物を管理する役割を与えたとは書かれているが、この役割は責任ある管理者の役割として理解すべきで、利己的な搾取の権利ととるべきではないからだ（旧約聖書の『創世記』では、人間は菜食主義者として創造されたことになっているが、これはいかにも道理にかなっている。なぜなら普通、善き統治者は臣民を食べたりはしない）。★12

その一方で聖書は、人間以外の動物たちには驚くほど寛大だ。たとえば地球上の生き物を滅ぼしたあの大洪水では、人間よりはるかに多くの動物がノアの方舟でその命を救われている。なぜなら神が、「あらゆる種類の生き物をひとつがいずつ船に乗せ、洪水から守ってやるように」[13]とノアに命じたからだ。おかげで、動物はすべての種が救われたが、人間で生き延びたのはノアの家族だけだった。また旧約聖書の『箴言集』は人に、動物から学べ――蟻からも学べと言っているし[14]、『伝道の書』ではソロモン王が「人間の運命も動物の運命も同じで、いっぽうが死ねば、もういっぽうも死ぬ。人間も動物も同じ空気を吸っているのだから、人間が動物より優れているということはない」と語り、「人の霊が天に上り、動物の霊が地の下におりるかどうかなど、誰にもわからない」[15]と言っている。

＊

キュートに〝他者〟を認め、尊重する力があることは、本書の第1章で紹介した心理学者のゲイリー・シャーマンやジョナサン・ハイトの研究でも確認されている。人間の社会性を刺激すれば、「キュートな存在は道徳的関心の対象となり、道徳領域に含まれるようになる」というのが彼らの説だ。キュートなものへの反応として擬人化が起きるからこそ、私たちは他者を道徳的関心領域に引き入れ、未知の者たちを引き寄せ、彼らに新たな価値を授けるというのだ。この点でキュートとまったく逆なのが嫌悪感で、嫌悪感は道徳領域を縮小させ、他者と親密な関係を結ぶことも、思いやりや価値観を共有することも拒み、相手を見ることさえも拒絶する。[★16] 嫌悪感は他者から後ずさるが、キュートは他者に手を差し伸べる、つまり嫌悪感は相手から人間性を奪い、キュートは相手に人間性を与えるのだ。

また、相手と自分が異質であればあるほど、相手にも自分と同じ人間の感情や性質——脆弱さや苦しみ、庇護の必要性——がある、と思い込まないと仲間意識を持つことはできない。したがって、相手を擬人化して私たちの関心領域を広げれば、相手にも感情移入できるようになり、そうすることによって、人間と人間以外の動物のあいだの境界——そして生物と無生物のあいだの境界——を飛び越えることができるというわけだ。

シャーマンとハイトが言うように、キュートになれるものの幅は驚くほど広く、子どもっぽいものだけでなく、どんな年齢のものでもキュートになることができる。家族や人種や国といった境界も関係なく、人間はもちろん、アヒルやパンダといった動物、自動車、筆跡、鳥のさえずり、詩など、生物から無生物までのありとあらゆるものがキュートになれるのだ。もし、これほど多くの人間や人間以外の動物、生物、無生物がキュートになれるのなら、その相手と自分の共通点を探して相手を異邦人または異質だと感じる感覚を解消するだけで、私たちは共感の範囲——私たちが幸福を願う相手の範囲——をぐっと広げることができる。

しかし、決して自動的にそうなるわけではないことは覚えておかなければならない。

もし他者を人間として——相手にも自分と同じ可能性や弱さがあると認識し、相手の幸福をわがことのように祈れる親友（アリストテレスが言うところの〝完璧な友情〟の概念）として——見ることができれば、彼らとつながるチャネルが生まれ、それぞれの性質や欲求、彼らが成功するために必要な条件を把握し、対応することができる。

つまり、相手を人間として見れば、こちらの対応もおのずと人間的になるのだ。拷問者や殺し屋が、拷問相手や殺害相手のことを、自分とは共通点のない劣った人間として見るよう教え込まれるのもそのためだ。彼らにとって相手を人間として見ることがご法度なのは、人間として見てしまうと、そこに共感が生まれてしまうからだ。拷問者が拷問相手を人間として見てしまったら、彼はもう拷問者ではいられなくなってしまうのだ（古代の人々は、不死身で何者にも頼る必要のない神は、人間の欲求や弱さを共有していないから、憐れみの心がないと思っていた）。

だが同時に、相手を人間として見ることで、かえって真の姿が見えなくなることもある。相手をたんなる容れ物とみなしてそこに自らの世界——自分の視点や価値観、ニーズ——を注ぎこんでしまうため、相手に対して、私たちと同じようになること、あるいは私たちが許容できる姿になることを、黙示的または明示的に求めてしまうからだ。そうやって私たちのあり方を相手に押しつけ、相手を私たちの関心領域に引き込むことで、相手を手なずけ、抑圧し、彼らの真の姿を消してしまい、本来の彼らとは違う型、または彼らの成功につながらない型にはめ込むのだ。〝他者〟を支配下に置いて搾取し、劣った存在へと貶めるこの行為は、最終的にはキュートの批判者たちが指摘するサディズムへとつながっていく。[★17]

しかし、こういった議論が渦巻くなかで見落とされがちな、もっと重要な問題がある。それは、「キュートなものは、それをキュートと感じる人たちに支配されているのか、それとも彼らから力をもらっているのか」、「キュートなものとそれをキュートと感じる人たちの立場はどちらが上か」、「キュートなものの異質さは尊重されているのか、蹂躙されているのか」、「キュートなものは発言権を与えられているのか、沈黙を強いられているのか」、「キュートなものは道徳的関心領域に含まれているのか、それとも締め出されているのか」といった問いを超越した問題、すなわち「キュートなものとそれをキュートと感じる人の関係性を力関係で見ることが、本当にキュートの本質に迫ることなのか」という問題だ。もっと平たく言えば、人間の意図や関係性や価値観を、彼らが求め、誇示する力の観点から見るだけでは、十分な理解には至らないのではないかという問題だ。自分と他者との関係性を説明、評価する際、私たちは反射的に力関係に焦点をあてる。この傾向は、前にも述べたとおり、一七世紀にホッブズやスピノザといった思想家によって生まれ、ニーチェやフーコーなど多くの思想家によって発展した極めて特殊な哲学的伝統の産物で、いまやそれは私たちの第二の天性のようになっている。だが、この力のパラダイムは本当に、私たちと他者との関係性を多面的に捉えているだろうか？　私たちはそのような関係性を、力のパラダイムによって本当にきちんと説明、評価できるのだろうか？

キュートは、この力のパラダイムが終焉を迎えるのか、もしそうなら、どのように終わるのかを探る手段——極めてささやかで曖昧な手段——のひとつだ。そしてそれこそが、日本で巻き起こった〈カワイイ〉の大流行など、キュートの爆発的流行が世界の特定の地域——とりわけヨーロッパ、アメリカ、日本——で発生した理由のひとつかもしれない。というのも第二次世界大戦後、これらの地域では人間関係、特に国際関係の構造を決定する際に力が果たす役割を減じようとする気運が高まり、幾度もの後退を繰り返しながらも、その努力が断続的に続けられてきたからだ。

キュートとは未来に待ち受けているものの先触れ、すなわち人間の命を、当事者の力への意志やその力の誇示という観点でのみ理解しようとする姿勢の克服に他ならない。だがそれはある意味、逆説的にも聞こえる。なぜならこれまでキュートに対する人々の熱狂は、主に力の問題として理解されてきたからだ。これまでキュートとは、力の弱いものがより力の強いものに支配されることであり、「無力さの美化」、さらに言えば「無力さの美化だけでなく、無力さのエロティック化[★18]」と考えられてきた。したがって、たとえキュートなものが〝反撃〟しているように見えても——キュートなものと、それをキュートと感じる側が力を巡る争いで膠着状態に陥っているように見えても——やはりキュートはキュートなものとそれを見る側との力関係で理解される。

けれどもし、キュートが力の要塞に置かれたトロイの木馬だったとしたらどうだろう？　これ以上ないほど利他主義で、憐れみ深く、相手を縛らない人間関係でさえ、力や力への意志の観点で解釈してきた知的要塞に置かれたトロイの木馬だったとしたら？　もしキュートの真の〈比喩〉が、力の誇示である擬人化戦略ではなく、遊び心にあふれた捉えどころのなさ、すなわち命や世界の基本特性である不確実性をのんきに描き出すことであったとしたらどうだろうか？

第9章　キュートとモンスター性——ドナルド・トランプの場合

これまで私たちは、金正日がキュートに見えるのは、彼のなかで人間と超人がそれぞれの不可解さを強調しあうかたちで隣り合わせになっているからであり、キュートが不気味なのは、なじみのあるものとないものの境界が不穏なかたちでなしくずしになっている（それもうまく融合していないことが多い）からであり、もし〈カワイイ〉の世界がたんに愛らしいだけで、その無害さにばかばかしさや曖昧さがなかったら、あれほどのパワーはない、といったことを議論してきたが、このすべては、キュートの絶大な魅力のもうひとつの特徴を指し示している。それは古代のアーキタイプである〈モンスター性〉だ。そしてその〈モンスター性〉の最新かつ特殊なかたちが、キュートなのである。★1

なぜ、特殊なかたちなのか？　なぜ、すべてのモンスター性（または、その親戚とも言えるグロテスク）をキュートと呼べないのか？　それは、モンスター性がキュートになれるのは、その異質さ――モンスター性に命を吹き込む架空または空想的キャラクターの異質さ――が、見る人を心地よいかたちで当惑させるときだけだからだ。つまり、異様な姿かたちや、モンスター性をもたらす性質が、攻撃的で近づきにくく邪悪に見えるのと同時に、優しげで、近づきやすく、チャーミングで陽気にも見えるときだけ、モンスター性はキュートになれるのだ。

だがモンスター性の魅力は、心地よさ／不快さ、近づきやすさ／近づきにくさ、わかりやすさ／わかりにくさ、親しみやすさ／親しみにくさ、魅力／脅威、面白さ／恐ろしさといった矛盾だけにあるのではない。そのような矛盾が解消不能――本質的にかけ離れすぎていて、ほぼ無縁なもの同士の寄せ集めに見えるほど解消不能――に感じられるところもまた、モンスター性の大きな魅力だ。

そういった不可解な雑種性こそがモンスター性の魅力の鍵であり、これは多くのキュートにも共通している。じつはこのような雑種性は先史時代から存在した。たとえばフランスのアリエージュ県、レ・トロア・フレールの洞窟には、頭部が狼、しっぽが牛、そして毛皮に豹の斑点がある熊が複数描かれている。部位ごとに見ればどの動物かわかるが、それがひとつに組み合わされると、それは何とも奇妙な姿だ。異なる部位が組み合わさったとき、私たちが知っているそれぞれの部位の動き――狼や牛や豹の動き――は、いったいどんなふうに見えるのだろうか？

このような生き物は、それをどう見るかで、その存在感はまったく異なったものになる。彼らは果てしなく神秘的であるため、その魅力も果てしないし、呪術師のようなオーラもある。そう、彼らは魔法の世界に住んでいるのだ。

じつはこのレ・トロア・フレールの洞窟には、呪術師もちゃんと描かれている。脚と足は人間なのに猫の目を持つその呪術師は、しっぽと鹿の枝角を持ち、耳は長い毛でおおわれている。★2 私たちの祖先は、このような想像上の生き物にさまざまな望みや恐怖、救済や破壊の力を託していたのだ。

また、古代エジプトのスフィンクスも同様で、人間と動物のハイブリッドであるスフィンクスは、その性質や目的が謎に包まれていることでもよく知られている。

エジプトの中期王朝時代、ある人にとっては脅威、別の人にとっては救世主――脅威と愛、両方の対象――であったスフィンクスの表情は、まさに〝百戦百勝のファラオ〟そのものだ。[★3]

＊

〝百戦百勝のファラオ〟の顔をしたスフィンクス、というところで登場するのがドナルド・トランプだ。なぜなら彼もまた、ハイブリッドの生き物や例の呪術師が持つちぐはぐさの典型そのものだからだ。モンスター性を持つその他の存在たち同様、彼のちぐはぐさもまた解消不能だ。そもそも狼の頭を持つ熊とは何者なのか？　猫の目を持つ人間とは？　スフィンクスの〝本当の〟精神世界とはいったいどんなものなのか？

　同様に、ありのままのトランプとはいったい何者なのだろうか？　染めた金髪を巧みに撫でつけた髪型や、不満そうに尖がらせたあの口は、いったい何を意味しているのか？　ひっきりなしに繰り返すあのハンドジェスチャーは、頼もしく見えるときもあれば不吉に見えるときもあり、相手を手招きするようにも、追い払うようにも見えるが、あれは彼の性格のどの部分がやっているのだろうか？　彼が信じているのは自分の本心なのか、それとも自分が言う嘘なのか？　その答えは誰にもわからない。

　トランプには他にも、モンスター性との共通点がある。それは、彼の正体を問う前述の問いへの答えがないというだけでなく、彼の魅力もまた、モンスター性と同じで、不確定性に依拠しているという点だ。だからトランプのファンたちは、彼が何者であってもかまわないし、それを知りたいとも思っていない。トランプはただ、グロテスクさを競うお祭りで手品を披露するかのように、疎外された世界を呼び出しては、その世界からの解放を差し出してみせる。そう、彼は「世界の悪魔的側面」[★4]を作り出すことと、それを抑え込むことを同時にやってのけ、邪悪と慰め、悪意と善意、破壊と創造、嘘と真実、混沌の可能性と秩序の期待を呼び起こすのだ。そしてこのような〝一貫性のなさ〟が魅力的に見えるのは、その矛盾が解消不能だからに他ならない。

したがって、すべては目の前をよぎるだけであり、明確な姿を見せることは許されない。もしトランプが混沌《カオス》を生み出すだけ――自分の敵にとってのみ都合がいい国内外の機関をぶち壊し、政権の混乱が化石化した秩序を破壊する彼の使命遂行の証しとしてではなく、たんなる無政府状態に見えるだけ――だったら、あるいはその反対に、従来の政治家たちのように安定した社会、経済、アイデンティティのある世界を作る救世主を演じるだけだったら、彼はその独特のオーラを失っていただろう。また、つねに威嚇的だったり、つねに頼もしかったり、その両方のバランスをうまくとっていたとしても、やはり人の心をつかむことはできなかっただろう。トランプは自らの矛盾に支えられているため、その矛盾によって彼の魅力が損なわれることは絶対にない。その矛盾こそが、彼の土台だからだ。そう、彼はそのような矛盾をパフォーマンスアートとして具現化しているのだ。

したがって、トランプがこのように捉えどころのない存在でいる限り、彼にはキュートさがあると言うことができる。彼が本当に自分の言葉を信じ、その言動が彼自身の感情や意図を正確に表しているのか、すなわち彼が本当に誠実なのかどうかは、彼の魅力にとってさほど重要ではない。それどころか彼は、自分の言った言葉を信じているふりをする必要さえないのだ。第13章でも触れるが、キュートが誠実さの領域から逸脱しているのは、キュートがあからさまに不誠実だからではなく（実際、あからさまに不誠実というわけではない）、もともとキュートと誠実さはまったく無関係だからだ。これもトランプが他の政治家たちと違うところで、彼は有権者に誠実でいなければいけないとか、少なくとも誠実なふりはしなければいけないなどということは微塵も考えない。トランプは、キュートな存在であることで、戦いに勝つのだ。それは、彼と大統領の座を争う民主党、共和党いずれの候補たちも、決して真似できない（そして真似しようともしない）芸当だ。

*

トランプのファンは、彼の捉えどころのなさや、態度がコロコロ変わる一貫性のなさ、そして手品のように、邪悪なものを呼び起こしたり抑制したりする力に歓喜する。だが、だからといって彼らがトランプを怖れていないわけではないし、警戒していないわけでもない。怪奇小説の愛好者たちがその奇妙な恐怖を楽しむように、あるいは、グロテスクの魅力は恐ろしいものと滑稽なものが同列に並んでいるところにあると考えていた一九世紀の評論家、ジョン・ラスキンのように、トランプのファンたちも、彼が本来禁じられているもの、言葉にしてはいけないものを目の前で見せてくれるところを楽しんでいるのだ。[★5] なぜなら、グロテスクの世界では、警戒すべき不可解なものが、安全と安心の源にもなるからだ。

トランプが、〝あからさまにずる賢い〟下っ端政治家にありがちな、偽善者に見えない理由もここにある。それどころか彼は、正真正銘の怪物でありモンスター性の原型を彷彿とさせるハイブリッド性を備えているようにさえ見える。だから、そんな彼が何をしでかすかなど、私たちには見当もつかない。彼が何者で、何を象徴しているのかもわからなければ、そもそも彼のなかに揺るぎない根本原理があるのかさえ不明だ。

こういった点では、トランプはまさに由緒正しいグロテスクな人物だと言える。一九世紀のフィクション作品に登場するグロテスクについて鋭く分析したティエリー・ゴーターは、トーマス・ハーディの作品を読んだ読者が当惑するのは当然だと語る。なぜならハーディは「現実を呆れるほど歪曲し、ジャンルや様式を雑に組み合わせている」からだ。ハーディがそれをするのは「変化し続ける（……）世界、無意味さに怯える世界を暴きだし、それに形を与える」ためであり、その狙いは「世界やテーマの分裂、冷酷さ、悲惨さ、狂気、死」を描き出すことで、読者たちに「そこにある脅威を感じさせながら、そのカオスを遠くから経験」させ、普通とは違う新たな存在を間接的に推測させることにある。★6

そう、まさにそれこそが、ドナルド・トランプがやっていることだ。

第10章　キュートと、新たに登場した子ども崇拝

たいていの場合、キュートなものへの興味は子どもっぽいとか幼児化の現れだと言われて非難される。そしてそのような思い込みのせいで、キュートの美学の中心は、子どもっぽい無邪気さや無力さだと決めつけられ、キュートなものに惹かれるのは、無力なものを守りたいという人間の本能であると同時に、幼年期に戻りたい、成人期の厳しさや複雑さから逃げ出したい、すべてをコントロールできる不安のない状態にいたいという願望の表れだとされてしまう。そしてキュートに惹かれるそのような動機は、現実逃避だ、くだらないとけなされ、ひどいときには自己陶酔だ、サディスティックだとまで言われて、それがキュートなものと、それをキュートと感じる人両方の軽視につながっていく。

たしかに、これがキュートに対する一般的な見方だ。キュートなアート作品の作り手である村上隆は、母国日本ではキュートが「骨抜き」にされていると嘆き、日本の現代文化研究家、シャロン・キンセラは、カワイイの浸透を「ファッショナブルな幼児的言動」と捉えている。また、ゲイリー・クロスのような歴史家は、キュートを「すばらしき無垢」への逃避とみなし、エッセイストのダニエル・ハリスも、キュートは無力さを美化し、「幼児的言動を嗜好する時代遅れの宗教」と嘲り、「たいていの場合、そこにはサディズム的行為が伴う」と指摘する。

だが、キュートなものに惹かれる動機は本当に、なじみのあるものへの親近感や、幼いものに対する保護本能、幼児性、現実逃避、サディズムだけだろうか？　私はそうは思わない。たんに幼稚なだけだ、と道徳的な批判とともに片づけてしまうと、もっと大きな動機、すなわち人間の幼年期に対する見方や子どもの扱いが一変した革命的変化によってもたらされた新たな動機を見逃してしまうことになる。一九世紀の半ばから末にかけて西欧諸国で始まったこの大きな変化は現在も進行中だが、この変化の始まりとキュートの時代の幕開けがほぼ同時期なのは、おそらく偶然ではないだろう。

この革命的変化は驚異的なスピードと規模で進み、子どもの世界の存在感は、豊かな人生を送る鍵として、神聖さの宝庫として、そして最も高度な愛の対象として、これまでになく大きくなってきている。その結果、子どもの安全と安心は、それまでの西欧諸国では考えられないほど重視されるようになり、社会の道徳的健全性を示すリトマス試験となった。

こうして一八五〇年代から一九三〇年代までのわずか数十年で、子どもが過酷な肉体労働を強いられ、子どもへの性的虐待も不問に付されていた時代は、子どもが最高の価値を体現する時代へと一変し、子どもへの暴行や搾取、冒瀆行為は社会最大のタブーとなった。また、ちょうどこの時期に誕生した心理学や精神分析学は、子どもを大人の原型的存在に引き上げ、子ども時代の経験は大人になってからの成功や失敗、恐怖心、弱さ、強さ、恋愛対象、キャリア選択のすべてに大きく影響するという考え方が広まった。そして二〇世紀後半になると、典型的な愛の対象は徐々に恋人から子どもへ代わっていき、子どもの心理的健康の重要性は、その度

合いも倫理的重要度もいまだかつてないほど高まった。[★1]

さらにもう少し時代が下った一九七〇年代、一九八〇年代になると、西欧諸国ではそれまで当たり前とされていた幼年期と成人期の境界が徐々に崩壊しはじめたが、もしかするとキュートの台頭は、そのトレンドのひとつの現れかもしれない。最近の子どもが何かを選んだり、評価したり、消費したりする姿は、これまでにないほど大人っぽいし、服装や話し方、性の知識やソーシャルメディアの知識も大人顔負けだ。だがそのいっぽうで、大人たちが抱く自己像に幼年期の経験が占める割合は、これまでになく大きくなっている。なぜなら幼年期の経験が、青年期から老年期までの人生全般に影響を与えるという考え方が強くなっているからだ。ということは、大人になってもその人のなかに子どもの部分は存在しつづけ、つねに現役で機能しているのだろうか？　遅くとも一九八〇年代以降、ニール・ポストマンが著書で論じた、[★2]〝子ども期の消滅〟を嘆く声は巷にあふれ、幼年期は「大人の世界に脅かされ、侵され、〝汚され〟た」[★3]時期として描かれるようになった。

そして今では、子どもと大人の境界はすっかりぼやけ、その曖昧さは広く受け入れられているように見える。それは、たとえ私たちが幼年期をすべての文化、すべての時代に共通する発達段階としてではなく、社会的構成概念として考えたとしても変わらないし、一六、七世紀に〝発見される〟まで、ヨーロッパに幼年期という概念はなかったという歴史家、フィリップ・アリエスの説★4を信じたとしても、幼年期と成人期では世界も文化も、「物事の秩序自体も違う★5」と考えたとしても変わらない。

その曖昧な境界部分では、子どもの経験が急速に（それも前代未聞のスピードで）大人の世界を構成しはじめており、それと同時に、自主性やセクシュアリティといった大人の精神《エートス》も子どもの領域に広がってきている。そして当然ながら、その傾向は多くのキュートなキャラクターやそのファンたちにも顕著に表れている。ハローキティのようなキャラクターは、大人か子どもかが判然としない場合も多く（キティは、女の子として描かれているが）、先にも触れたように、キティのファンも大人だけ、または子どもだけと決まってはいない。奈良や村上、クーンズといったアーティストたちの作品も大人か子どもかの判別は難しいし、一〇〇〇万歳の老人にも、非常に子どもっぽくも見えるE.T.や日本の「カワイイ大使」にしても、それは同様だ。

もし、幼年期の性質や重要性に対する考え方が、ヨーロッパや北アメリカでこのように変化しているとしたら――幼年期がいまだかつてないほど神聖化され、幼年期と成人期の伝統的な境界線が崩壊しているとしたら――、それもまたキュートが登場したもうひとつの理由かもしれない。つまり、キュートの〝幼稚さ〟の強調も、子どもっぽさと成熟、うつろな顔と物知り顔、性的と無性的のあいだでたゆたうキュートの不確定性もこれまでさんざん批判されてきたが、じつはそれは今の時代の精神に見事に順応した結果なのかもしれない。遊び心があり、平凡に見えることも多いキュートこそが、今の時代を的確に表現しているのではないだろうか。

＊

一九世紀半ばに始まったキュートの台頭は、子どもの価値と子どもの神聖さをいっきに引き上げた、例の一大革命と足並みをそろえて進行した。この革命的変化については、もう少し詳しく説明したい。じつはこれはすばらしい物語なのだ。

現代人は誰もが、この世に子どもの命以上に大切なものはないと考え、子どもに対する搾取行為は、それが経済的なものであれ、性的または感情的なものであれ、極悪非道の行為として激しく非難される。だが、アメリカ合衆国で児童労働が言語道断とみなされるようになったのは一九世紀も半ばになってからのこと、それも主に都市部の中流階級だけの話だった。いっぽうアメリカの労働者階級や農家の子どもたちに対する経済的搾取は、一九世紀を通じて増加の一途をたどった。[★6]

アメリカの歴史学の教授、ウォルター・トラットナーが指摘するように、アメリカ合衆国で児童労働が撤廃されたのは二〇世紀に入ってからだ。それまでは、「粉塵でかすむ石炭の破砕場で、一〇歳前後の少年が指を傷だらけにしながら、石炭から不純物を取り除いている姿は日常的な風景だった」し、「何千人もの子どもたちが、ガラス工場の灼熱の炉の光のなか、わずかな給金で一晩中汗だくで働いていた」のだ。[★7] また、アメリカ社会における子どもの地位について調査したヴィヴィアナ・ゼリザーの論文によれば、児童労働法や義務教育の整備によって、一九三〇年代になるとようやく「下層階級の子どもも中流階級の子どもと同じ、生産活動に携わらない幼年期を送りはじめた。つまり、子どもの神聖さと感情的価値の高まりにより、彼らもようやく児童労働がタブーの新しい世界に足を踏み入れた」のだという。[★8] 彼女はまた、「子ども（一四歳以下）の経済的、情緒的価値が一八七〇年代から一九三〇年代のあいだに著しく変容」した結果、すべての階層で子どもの価値は「経済的には〝ゼロ〟だが、感情的には〝プライスレス〟になった」とも書いている。[★9] こうして、赤ん坊が「未来の働き手の誕生として歓迎された」時代は終わり、一九〇五年には、全米児童労働委員会の初代委員長、フェリックス・アドラーが、子どもを利用して経済的利益を上げることは「神聖なものを冒瀆する行為」と語るまでになった。[★10]

こうして子どもの命は瞬く間に神聖なものとなり、それまで蔓延していた児童労働はほぼ完全に容認されなくなった（とはいえ、その過程では激しい葛藤があったし、芸能界の子役のような例外もあった）。そしてこの変化は、もうひとつの現象を引き起こした。子どもに恵まれなかった夫婦たちが突如、大金を払ってブラックマーケットで赤ん坊を買うようになったのだ。一九世紀の母親はお金を払わないとわが子を手放すことができなかったが、一九三〇年代に入ると、子どもが欲しい夫婦は赤ん坊一人に一〇〇〇ドルを上回る大金を払うようになったのだ。「（養子に出された）子どもの価値は経済的にはゼロでも、その市場価値は、（経済的に）利用価値があった一九世紀の子どもの貨幣価値を大きく上回った」のである。[★11]また一九世紀の里親たちは、年かさの男の子を欲しがったが、一九二〇年代以降、「養子を迎えたい親たちが欲しがるのは、青い目の赤ちゃんやキュートで巻き毛の二歳の女児ばかりになった（なかには、そんな理想的な子が現れるのを数年かけて待つ親たちもいた）」。[★12]

その数十年のあいだに、社会における子どもの感情的価値や道徳的価値は、あらゆる点で激変した。子どもの死は一大悲劇となり、いまだかつてないほどの激しい悲嘆、それこそ大人の死よりも大きな悲しみを招くものとなった。また、事故や栄養不良、病気が原因の子どもの死は、「子どもの福祉を重視するようになった社会にとって、まさに恥ずべき過去の遺物となった」。[★13]こうして、子どもの健康と安全は倫理上の最重要事項となり、国が責任を負うべき重要課題になっていった（その結果、アメリカの乳幼児死亡率は、一九一五年から一九二一年のわずか六年で、二四パーセントも低下した）[★14]。かつては許容範囲とみなされていた子どもに生命保険をかける行為も、大きな物議を醸すものとなり、それでももし保険をかける場合は、その子どもの経済的価値よりむしろ感情的価値を参考に保険料が計算されるようになった。そしてもちろん、子どもの虐待はそれが性的なものでも、他のかたちのものでも、言語道断の犯罪とみなされるようになった。〝被虐待児〟という概念を作った著名な小児科医、ヘンリー・ケンプは、子どもに対するこのような見方は、私たち現代人ならではのものであり、子どもの身体を神聖なものが納められた器と考える現代人は、それが冒瀆されることに非常に敏感だと語る。一九七八年、ケンプと妻のルースは児童虐待に関する著書のなかで、一〇〇年前だったらこの本は書けなかっただろうと記している。

もし、一九七〇年代の探偵が一九世紀にタイムスリップし、その時代の家族の日常を現代人の目で調査したら、彼は、明らかに児童虐待と思われるケースを目にするはずだ。しかし当時の家族やコミュニティの目には、そのほとんどが虐待とは映らなかった。そのような虐待を社会悪と認識するにはまず、その時代の文化の感性や物の見方を変える必要があったのだ。★15

＊

この子ども崇拝――子どもを神聖なもの、典型的な愛の対象、成人期の要素のるつぼとして崇める傾向――の高まりを見ていると、本章の冒頭で紹介したキュートの批判者たちが眉をひそめるキュートの子どもっぽさも、まったく別のものに見えてくる。

なぜならキュートは、成人期の諸問題からの逃避、あるいは無垢を都合よく利用する手段というだけでなく、〝最も神聖な人間〟としての子どもを想起させ、テーマ化し、尊重する手段――それも楽しく、仰々しくない方法で尊重する手段――とも考えられるからだ。

キュートは、大事に守られていた幼年期に戻りたいという〝子どもっぽい〟衝動としてだけでなく、幼年期の賛美として見ることもできるのだ。それも幼年期の複雑さや、最近獲得した、成人期と同等の地位をひっくるめた、幼年期丸ごとの賛美だ。とはいっても、幼年期を純粋に無垢な時期として理想化するわけではない。明るさと暗さ、美しさと醜さ、優しさと残酷さ、そしていびつさと自然が同居する時期としての賛美だ。それは、幼年期は邪悪なものに感化されやすい時期――これは何世紀ものあいだ〝原罪〟という比喩で語られてきた――であると同時に、本質的に純粋な時期――ルソーやワーズワースなどのロマン派に代表される考え方――という見方だ。ワーズワースは幼年期の初期について、頌歌で次のように詠っている。

（……）栄光の雲を曳きながら、
我らのふるさとである神のみもとより来る
幼き頃、天国は我らのまわりにありき★16

（訳者訳）

したがってハリスのように、キュートは本質的に人から力を奪うものであり、無邪気さや率直さ、その他〝私たちが子どもに期待する〟要素のフェチ化されたイメージからなる〝ポータブルなユートピア〟だと主張することもできるが、それとは逆に、キュートは例の大変革とともに、一世紀半以上にわたって幼年期の重要性を高め、子どもに力を与えてきたとも考えることができる。

第11章　キュートのサバイバル

E.T.からミッキーマウス、無限に変身するハローキティから著しくデフォルメされたベビーフェイスの人形ソー・シャイ・シェリまで、さまざまなタイプのキュートなキャラクターを取り上げてきたが、彼らはみな、明るさ／暗さ、率直さ／捉えどころのなさ、親しみ／なじみのなさ、無邪気さ／抜け目のなさ、人間味／非人間味といった、相反する二面性を持っている。だが、それ以外にもうひとつ、忘れてはいけない共通点がある。それは彼らがみな、勇敢なサバイバーだという点だ。

キュートの脆弱さは、愛らしいだけのものが持つ脆弱さと違い、かわいがられたり、守られたりするためだけのものではない。そう、キュートなものたちの脆弱さは、自分をキュートだと感じてくれる相手に、自らの無力さをアピールするためだけにあるのではないのだ。むしろその逆で、キュートなものたちは弱さを通して、自らの生存能力の高さを際立たせる。つまり、それは彼らの強さの現れだ。そして強さというのは一般に、控えめで微妙かつ意外性があるほうが、その効果は大きい。

言い換えれば、キュートなものの多くは本質的にか弱いので危なっかしく見えるが、そのか弱さは、見る人の心に庇護と憐れみの気持ちをかき立てるだけでは終わらない。そのか弱さはかえって、キュートの〝勇敢で英雄的な粘り強さ〟、いや、キュートの〝いたずらっぽく茶化した英雄的粘り強さ〟を際立たせるのだ。

したがって、キュートなものがキュートに見えるのは、それがか弱いから、または不運だからではなく、か弱くて不運なのに、それでも生き抜いているからだ。もし、衰弱して、しなびた末に死んでしまうのであれば、最初からキュートになど見えはしない。

そして重要なのは、彼らが自分自身のスタミナと魅力あふれるずる賢さ、皮肉っぽさ、無邪気さ、狡猾さだけを武器に危険をくぐり抜け、自力でなんとか生き残っているように見えるところだ。もし純粋に愛らしいだけで生き延びたとしたら、それは誰かが守ってくれたか、たんに幸運だったというだけのことだ。

キュートなものたちが自らの脆弱さを見せつけるのは、相手をからかったり、支配したりするためでもあるが、脆弱さを社会や意識の縁からすくい上げ、そっと主流に置いて賛美するためでもあるのだ。

さらに、元気あふれるサバイバーであるキュートなものたちは、他者を庇護する存在とみなされることも多い。だからキュートは〝無力さの美化〟であり、キュートなものは〝ぼんやりしていて無力、または無能なときがいちばんキュート〟★1などという見方は大間違いなのだ。むしろ実態は正反対で、私たちのほうが自分を弱者と考え、キュートなものが自分を助けに来てくれたと感じるのだ。

キュートなものは庇護する側にもなりうる、ということの逆転現象を考えれば、大人を含む多くのハローキティ・ファンたちが、ハローキティのことを「ほがらかで、それでいてパワフルという謎めいた存在」と感じていることにも合点がいく。人類学者のクリスティン・ヤノによれば、キティはファンにとって「どんなときもそばにいてくれる相手であり、うまくいっているときもそうでないときも変わらず、困難に打ち勝つ心の支えであり、その変わらなさに励まされてファンは日々の困難に立ち向かう」のだという。彼らが、サンリオのこの猫風の女の子に癒しを覚えるのは、キティがつい世話をしてやりたくなる愛すべき存在ということもあるが、むしろそれ以上に、キティに世話をされ、愛されていると彼らが感じているからだ。ファンたちがキティに夢中になるのは、キティのか弱さに支配欲が満たされるからだなどという証拠はないし、ましてやサディスティックな支配欲が満たされるからなどという証拠はゼロだ。むしろキティのファンは映画スターや有名歌手のファンと同じで、キティの「魅力を前にしては逆らえない」のである。★2

＊

キュートなものと私たちの関係はここでも、力を持つものと持たざるもののあいだには厳然たる違いがある、という従来の考え方を覆す。なぜなら、いまや口もなければ声も持たないキャラクターが、ほぼすべての人類が欲しがる特別な力、すなわち他者を守る力を有しているからだ。

第二次世界大戦後のミッキーマウスもまた、この特別な力、すなわち辛抱強くて、自らの領域の秩序を保つ力を持つキャラクターのひとりだ。さらに最近の例としてはくまモンもそうだろう。くまモンは熊本県の公式マスコットだが、二〇一六年四月一四日にマグニチュード六・二の大地震が日本を襲って以降、被災地の人々は大人も子どももみな、このくまモンに大いに癒されてきた。なぜなら人々はくまモンもまた、この地震で最大震度を記録した益城町の住民と同じ、震災のサバイバーと受け止めたからだ。この震災により何万もの被災者が住む家を失ったが、益城町の被災者数百人が身を寄せていた避難所を慰問に訪れたのがくまモンだった。被災者にとって、そのときのくまモンはまさに救世主であり、自分たちと同じ逆境を耐え忍ぶ同志、そしてか弱く、無垢な存在であるにもかかわらず震災を強く生き抜く仲間だった。避難所への彼の慰問は「捜索現場で突然、瓦礫のなかから生存者が飛び出してきたかのように、テレビや新聞に大々的に報じられた。子どもたちのなかには震災で自宅を失った子も多かったが、くまモンを取り囲んだ彼らは、大歓声を上げ

図 11.1　明仁天皇と美智子皇后がくまモンを訪問（2013）。©2013 共同通信社

て彼に抱きつき、写真を撮った。そう、彼らの友人が戻ってきたのだ」[★3]（図11・1）。

ミッキーマウスからくまモンまで、キュートなキャラクターはみな、相手を守り、慰める力を持っている。だがこれは、もっと大きな現象の一例にすぎない。その現象とは動物が発揮する力、特に肉体的に強いとは言えない小さな動物が発揮する、慰め、励ます力だ。だから何百万人もの人が——それが老人でも若者でも、健康でも瀕死でも、家族と同居している人でもひとり暮らしの人でも関係なく——、リアルなペットや架空のペットに慰めを見出すのだ。

無力なものが持つこの慰めのパワーは、こ

れと同様のもうひとつの現象を思い起こさせる。それはキュートよりももっと古くからある、マスコットだ。マスコットの多くもキュートと同様のパラドックスを体現しており、人はマスコットの優しさのなかに強さを、ぎこちなさや不器用さのなかに穏やかな癒しのパワーを感じとる。

だから、力を蓄積して誇示することを唯一の目的とする軍隊は、そのマスコットとして、残忍な武力を連想させるキャラクターではなく、極めてキュートなキャラクターを採用することが多いのだ。たとえばアメリカ陸軍のマスコットはライオンでもなければ、突進するガゼルでもなく……ラバだ。同様に世界最強のアメリカ海軍も、温和で忍耐力に優れたヤギに強さを見出している。また、イギリスでも長年にわたり（第二次世界大戦のつらい時代は特に）国民的アイドルとなってきたのは、小さくてたくましく、元気いっぱいなのに優しく意志の強いブルドッグだった。そう、獰猛ではあっても決して巨体とは言えないブルドッグだ。

第12章　キュートとキッチュは一卵性双生児？

もしかすると今まで私たちが論じてきたのは、〈キッチュ〉だったのだろうか？クーンズの《バルーン・ドッグ》も村上隆のＤＯＢくんも、さらにはくまモンやドラえもん、ハローキティもみな、いわゆるキッチュの典型と言えないだろうか？もしそうだとしたら、キュートはキッチュの同義語なのだろうか？

この質問に対する答えはノーだ。なぜならキッチュなものすべてに、キュートな要素があるわけではないからだ。たとえばキッチュの典型である花柄の壁紙も、大仰な装飾が施されたルイ一五世様式家具の模造品も、全体主義の政権が大げさに誇示する権力や業績や幸福のイメージも、そしてサンタの磁器人形（図12・1）も、どれをとっても決してキュートとは言えない。

キッチュとキュート、このよく似た概念のあいだに明確な違いがあるのは、なんとなくわかる。たとえば私たちのまわりにはキッチュがあふれているが、キッチュもキュートと同様に、見ている人の心に過剰なまでの献身の情をかき立てることができるだろうか？　キッチュは、「あなたをレストランで出迎え、銀行で挨拶をし、看板や歯医者の待合室の壁で微笑みかけてくる」[★1]が、それらは（今もなお）時代精神としっかり足並みをそろえているだろうか？　キュートは数十億ドル規模の産業を生み出しているが、なぜキッチュの商業的成功は、それよりはるかに小さいのだろうか？　たしかにキッチュもビジネスとしては決して小さくない。だがなぜキュートと同じぐらい、大量販売で成功できないのだろうか？

このような疑問を検討するにあたってはまず、キッチュもキュートと同様、批判にさらされてきたこと、それも極めてよく似た言葉で批判されてきたことに触れておきたい。じつはキッチュも、悪趣味だ、道徳上の堕落だ、不健全だと非難されてきた。二〇世紀初頭のオーストリアの作家、ヘルマン・ブロッホは、「キッチュの作り手たち」のことを、「道徳の底辺にいる存在、悪事を働くことを心から望んで

図12.1　磁器のサンタクロース人形。Flonline digitale Bildagentur GmbH / Alamy Stock Photo

いる悪党とみなすべき」[★2]と書いている。大衆向けに作られたキッチュな模造品は優れた芸術作品を脅かす、と考えていた彼は、キッチュは本物のキリストを真似ることでキリストを駆逐、破壊する反キリスト者と同じだと言い、「反キリスト者は、その姿も、行動も、語る言葉もキリストそっくりだが、それでもやはり悪魔《ルシファー》であることに変わりはない」[★3]と批判した。また、一九三九年、批評家のクレメント・グリーンバーグはキッチュを「機械的で、一定の方式によって動く」だけ、と言い、そこにあるのは「代理の経験であり偽りの感情……現代生活における見せかけにすぎぬもの全ての縮図」[4]と嘆いている。もっと最近では、ドイツの哲学者、カルステン・ハリーズが、「キッチュ」は「つねに不道徳とみなされてきた」[5]と述べている。

この批判的な見方を要約したのが「オックスフォード英語大辞典」で、同辞書はキッチュを「無駄な仰々しさが特徴」[6]と定義している。そう、まさにそれこそがキッチュ批判の核心、すなわちキッチュとは見せかけだけの偽物だ、という主張だ。たとえそれがピサの斜塔を模した安っぽい土産物でも、本章の冒頭で触れた模造のルイ一五世様式家具でも、全体主義政権の仰々しいプロパガンダでも、偽物であることには変わりがない[7]（図12・2）。

哲学者のロバート・ソロモンは、キッチュは感傷的な言動と同じぐらい無益だと言い、その理由を六つにまとめている。すなわちキッチュは未熟な感情を喚起し、私たちの感情を操作し、間違った（偽りの）感情を呼び起こし、うわべだけの薄っぺらな感情を表現し、身勝手なうえに、不自然に穏やかな世界観を見せるというのだ。[8] つまり、わざとらしさ、悪趣味、軽薄、低俗、けばけばしさ、幼稚な楽観主義、

図 12.2　ニナ・ヴァトリナ《愛するスターリン、幸せな子ども時代をありがとう！》（1950）。Heritage Image Partnership Ltd / Alamy Stock Photo

それこそがキッチュの原因であり結果だと一般に考えられているのだ。

しかし、この特徴のほとんどはキュートにもあてはまる。キュートもまた、未熟で、薄っぺらで、身勝手で、気楽さや感傷的な感情を呼び起こす。だとすれば、実際はキュートもキッチュも同じではないだろうか。

だが、似ているのはそこまでだ。

キュートは、不気味になることができるし、親しみやすさと親しみにくさ、正常とグロテスクを分ける曖昧な境界線をまたいで立つこともできる。だが、キッチュのほうは、そのほとんどができない。

さらに村上隆や奈良美智の手にかかれば、キュートは過激にも、独創的にも、衝撃的にもなれる（少なくともそのように見える）が、キッチュはただ陳腐なだけだ。それも、たいていの場合、キッチュは誇らかに、そして感傷的に陳腐なのだ。

またキュートは見る側と見られる側との関係や力の差を遊び半分で弄ぶが、キッチュはそんなことはしない。

キュートは優しい感情と不安な感情の両方を呼び起こすことができるが、キッチュはつらいもの、不穏なもの、気が滅入るものを自らの領域からすべて排除し、安らぎだけをもたらす。

キュートは捉えどころがないが（この捉えどころのなさは、スペクトルの〈愛らしい〉側から離れるにつれて増していく）、キッチュは明快で率直、そのうえ陳腐な言葉をそのまま使うありふれた比喩を多用し、この同調主義によって見る人の気持ちを慰める。キュートなものは、持ち前の脆弱さによって見る人に生き残りをかけた戦いを連想させる。また私たちがそれを保護者的存在として感じているときでさえ、〈キャンプ〉と同様、取るに足りない絶滅寸前の存在を連想させるが、キッチュのほうは、ただひたすら安全で確実で、気持ちが明るくなる世界を作ろうとする。この点に限って言えば、キッチュは偽りの世界を、キュートは真実の世界を描いていると言える。

そしてキュートは、数あるマイナーな美のカテゴリーのなかでもおそらく最も自意識が低い（〈キャンプ〉や〈ゼイニー（バカげた）〉が含まれるこれらのカテゴリーはこれまで、〈高級芸術《ハイ・アート》〉や〈アバンギャルド〉とはっきり区別されていたが、最近はその傾向が弱まってきており、アーサー・ダントーも「芸術作品と、平凡な物や事象を区別する必要はない」[★9]と言っている）。いっぽう、最も自意識過剰な類いに入るのがキッチュだ。

そんなキッチュの自意識を見事に表現したのが小説家のミラン・クンデラで、彼は、「俗悪《キッチュ》なものは続けざまに二つの感涙を呼び起こす。第一の涙はいう。芝生を駆けていく子供は何と美しいんだ！　第二の涙はいう。芝生を駆けていく子供に全人類と感激を共有できるのは何と素晴らしいんだろう！　この第二の涙こそ、俗悪《キッチュ》なものを俗悪《キッチュ》なものたらしめるのである」[★10]と書いている。

これに関連して、もうひとつ付け加えておこう。キッチュは、社会の最上層の趣味の模倣あるいは軽蔑を目的にしている場合が多いが、キュートには、地位に対するそのような憧れもうぬぼれも皆無で、ハイ・カルチャーを真似たいとか、ハイ・カルチャーに取って代わりたいという意志もない。どうやらキュートには社会的にも美意識的にも野心がないらしく、キッチュのように権力すなわち力に対する明確な意志も持っていないように見える。

実際、キッチュはその社会の主流となっている文化や美意識の基準との関わりに依拠して存在している部分が大きい。すなわち、そのような基準を意識し、それを真似たり、それに抗ったりしながら存在しているのだ。いっぽうキュートのほうは、キッチュのように何かに寄生して存在しているわけではない。つまり、キッチュはインサイダーになることに憧れ、か弱く曖昧なキュートはアウトサイダーであることを楽しんでいるのである。

そして最後に、キュートは自らを皮肉ることができるし、自嘲的になれる――ハローキティのような漫画のキャラクターは自分を本物のイギリス人少女のように見せようとはしないし、はっきり意見を言うこともない。だが、キッチュは何をするにも、いつだって大真面目だ。だからキッチュは、偽物だ、幻影だと言われることを絶対に許さないし、自らを疑うこともまったくない。たとえばバルセロナにあるガウディの建築物には、キッチュの要素あるいはスーザン・ソンタグの言うキャンプの要素はあるかもしれないが、どう見てもあれはキュートではない。なぜガウディの建築物がキュートになれないのか、それは、野心的すぎるうえ自らの主張を前面に出しすぎているせいで、ソンタグも「聖家族《サグラダ・ファミリア》寺院がそうであるように、これらの建築には一世代なり一つの文化全体なりによってなしとげられることを行おうとしているひとりの人間の野心的な意図が現れている」[★11]と書いている（同様に、アメリカの女優メイ・ウエストにもキャンプやキッチュの要素はあるが、たとえユーモラスな演技をしていても、それをキュートと呼ぶには彼女は真面目すぎる。いっぽう、ケーリー・グラントはキュートだ）。

つまりキュートは、〈愛らしい〉側に寄らない限り、私たちを宙ぶらりんな気持ちにさせるが、キッチュはつねに私たちを親しみのある場所に連れ戻してくれるのだ。哲学者のトマス・クルカによれば、キッチュは「超保守的」で、「私たちの基本的な感情や考え方は正しいのだから、動揺したり、疑ったりする必要はないと請け合う」傾向にあるという。したがって彼は「キッチュは不穏なもの、脅迫的なものであってはならない」[★12]とも付け加えている。いっぽうキュートは不気味で、曖昧で、バランスが悪く、一般的な倫理観に無関心（特に、次章で取り上げる誠実性崇拝には無関心）になることもできる。だがそのようなときは、相手に不安を覚えさせないようキッチュの性質を帯びるため、ロバート・ソロモンが言うように、キュートは「詐欺的で、過剰に〈愛らしく〉、善良な顔」を見せることで、「私たちの世界のより大きく、厄介な側面を〈隠す〉」[★13]のだ。

これと同様のことを、より端的に指摘したのがミラン・クンデラで、彼は、キッチュは理想的な美の世界であり、「糞が否定され、すべての人が糞など存在しないかのように振る舞っている」と言っている。[★14]

それをキュートと呼べないことは、奈良美智の描く子どもや不細工な人形、ソー・シャイ・シェリなど、言葉を持たず、完璧とも言いがたいキュートなキャラクターたちが明確に物語っている。

第13章　誠実性崇拝からの脱却

「キュートの帝国」について語ることはできても、なぜ「愛らしさの帝国」について語るとばかばかしく聞こえるのだろうか？　キュートは面白そうなのに、なぜ愛らしさには退屈さがつきまとうのか？

この答えはすでに指摘済みだ。キュート——愛らしいだけのものは除く——が魅力的なのは、私たちの時代がすべての存在に共通すると考える不確定性をふざけた調子で表現しているからで、そうすることでキュートは、昔ながらの二分法、すなわち善と悪、男性らしさと女性らしさ、大人と子ども、人間と人間以外というように物事を切り分ける二分法を巧みに回避しているのだ。

同様に、キュートが今の時代に順応するための手段がもうひとつ、少なくともアメリカとヨーロッパには存在する。じつはそれは、一八世紀後半に始まり、西欧諸国を偽善という名の沼にどっぷり浸けたカルト（皮肉にも、その表向きの目的は偽善との戦いだった）に対抗する強力な手段でもある。そのカルトとは、フランスの思想家、ジャン＝ジャック・ルソーが始めた誠実性崇拝で、彼は正確な自己開示、すなわち真の自己を正直に表現することこそが最高の美徳と考えていた。つまり、世間体や他者に認められたいという思いに抑え込まれてきた自らの内なる活力、欲求、嗜好――まさにその人の人格のすべて――を、自分自身だけでなく、他者に対しても正直にさらけ出すことがいちばんの美徳と考えたのだ。

そしてこの誠実性もまた、大昔からの二文法で成り立っている。今回の場合は内と外という二分法で、誠実性とは、心の内側の世界を外に向けて正直かつ明白に表現することに他ならない。イギリスの詩人、マシュー・アーノルドは、この二分法について――さらにはそのような誠実な表現の捉えどころのなさと、そのような誠実性がそもそも実現可能なのかについて雄弁に語っている。

感じていると私たちが語るものの、浅く明るい
表層の流れの下で――感じていると私たちが考えるものの
光のごとき流れの下で――強く、暗く、深く
私たちが本当に感じているものの本流が
音もなくとうとうと流れている★1

ルソーの著した最も長い哲学的作品が彼の自伝『告白』であるというのも、偶然ではないだろう（題名までが、この作品の誠実さを高らかに宣言している）。そして彼はこの自伝で、誠実な自己表出こそが最高の善であると繰り返し語っている。彼は「私は（……）自分と同じ人間の仲間にむかって、一人の人間を、全く自然なままの姿で、見せてやりたいのだ。そしてその人間というのは、私だ」と宣言し、さらにこう続ける。「私だけなのだ。私は自分の心をよく感じている（……）私は自分のかつてあった姿をそのまま示しました（……）私の内面をさらけ出したのです（……）」★2。

〝すべては見たままであり、それ以上でもそれ以下でもない〟、つまり、ありのま

まの自分を表現し、表現したとおりの自分でいる、という彼の主張はこういうことなのだ。そして当然ながらこの誠実性崇拝は私たちにとんでもないことを要求してくる。自分は己を知っているし（自分の欲望がわかっている）、ありのままの自分を見せているし（感情を確実かつ明確に表現できる）、つねに嘘偽りのない自分自身でいる（自分の言動や感情が本物の自分自身を表している）と、宣言しろというのだ。

疑うことにかけてはその右に出る者がいない哲学者のデイヴィッド・ヒュームは、自分自身のありのままを正直に語るというルソーの主張にすぐさまこう突っ込んでいる。「彼が真剣に、嘘偽りのない本当の自分の姿を語ろうとしているのはわかるが、そもそも自分自身をわかっている者などこの世にいるはずがない[★3]」。

現代は、誰もが回顧録やソーシャルメディア上で自らの本音を暴露する時代であり、人々は自分の生活や行動をそのときどきの心の状態や価値観とともに自伝として符号化しないと、それがリアルに感じられない。だから私たちは、自分の趣味や感情、嗜好、その他自分の生活の詳細を（たとえそれが一時的なものであっても）できるだけ正確に公開することで、注目されたい、認められたい、承認されたいという人間の積年の欲望を満たしているのだが、それもこれもみな、ルソーと彼の画期的な自伝『告白』が今の時代に残した遺産なのだ。

だが実際は、自分の欲望やニーズの動機を確実に把握することなどまずできないし、自分が認識している感情が、本当に自分が感じていることなのかどうかも本当のところはわからない。自分の言動が自分の感じていることを正確に反映しているのかもわからないし、自分の感情や言葉、行動が本物の自分自身を表現しているのかだってわからない。そもそも本物の自分自身というものが存在するかどうかもわからないのだ。

そのわかりやすい例のひとつが、愛だ。情熱をこめて愛を語るとき、人は誰もが自分の誠実さを確信し、自分は内なる感情をありのままに表現していると心から信じている。だが、時の流れという試練を経ると、じつはそうでもなかったとわかる場合が少なくない。愛という感情は、徐々に消えていくこともあれば、簡単に別の人へと移ることもあり、二人の関係がとげとげしくなることも、不幸な終わりを迎えることも、短命に終わってしまうこともある。さらに愛は、別のかたちの執着に変質することも、力や称賛、安心、隠ぺいを目的とした愛のない欲求に変わってしまうこともある。

愛の過程で起こるこのような変化は、他の多くの感情でも同じように起こる。だから、私たちの誠実さの大半――および、私たちが誠実さを通して伝える率直さの大半――は偽りで終わってしまうのだ。同時に、誠実でいなければというプレッシャーは、虚飾と偽善の温床にもなる。

そういったごまかしがもたらすもののひとつが、人間関係の混乱だ。これは、ざっくばらんで気安い態度を装うことで、相手に誤った期待を抱かせてしまうからで、誠実でいつづけるという重大な約束を、口先だけで軽率にしてしまうという偽善も、そのような誤解を招く一因だ。シェイクスピアの『ハムレット』では、ポローニアスが誠実さの重要性を次のように端的に語っている。

なにより肝心なのは、自己に忠実であれということだ、
そうすれば、夜が昼につづくように間違いなく

他人にたいしても忠実にならざるをえまい。

（「ハムレット」第一幕、第三場〔『シェイクスピア全集Ⅰ』小田島雄志訳〕）

誠実性崇拝が助長した欺瞞は、私たち自身のアイデンティティも混乱させる。なぜなら、〝真〟の自分の大半は不明瞭で、自分の言動は自分という存在の断片およびそのときの一瞬――一貫性があり、筋道が通った、明確な自分自身ではなく、自分自身の断片やそのときの一瞬――を表現しているだけにすぎないと認めない限り、私たちは誤った自己像に基づいて人生を生きることになるからだ。もし社会のプレッシャーに負けて自分に忠実に生きているふりをすれば、結局は、率直でわかりやすく、己のこともよくわかっている市民やパートナーの役を演じるだけとなり、誠実性崇拝が求める〝正直者〟をねつ造することになる。さらに私たちは、自分の誠実さを誠実に演じていると断言することもできない。[★4] そんなことをすれば、自分が真実だと主張する偽の自分――他者、特に親しい人たちに見せる自分――を作り出すことになるからだ。

*

この誠実性の問題を巧みに回避するのがキュートという感性だ。といっても、本当に感じていないことを言ったり、自分は不誠実だとあえて主張したり、心のなかを偽って伝えたりするわけではない。もしそんな、誠実さに戦いを挑むようなことをしたら、それは魅力ゼロのいやらしい行為になってしまうだろう。

そもそも、キュートさは〝内面〟を見せるという行為とはまったく無縁なものであり、その内面が安定したものであっても、変化しつづけるものであっても、そんなことはキュートにはいっさい関係ない。それよりもキュートなもののパワーは、なじみがある／なじみがない、か弱い／粘り強い、無力／強力、無垢／経験豊富、男性らしさ／女性らしさ、若い／年寄りなど、どちらとも決めかねる二面性に依拠するところが大きい。また、キュートなキャラクターは言葉を語らないものも多く、ハローキティやくまモンなどは、そもそも最初から口がない。したがって、村上隆の作品や奈良美智が描く子どものように、派手だったり、不気味だったりするキュートなキャラクターでさえ、救いがたいほど不可解で、彼らの感情の〝核〟も、彼らが何を言おうとしているのかも明確に把握することはできない。

それにもし、彼らが口をきいたとしても、その言葉は捉えどころがない（捉えどころがないという点でも道化師はキュートとよく似ている）。キュートなものは、自分の誠実さや正直さを誇示することにはいっさい興味がないし、そもそも彼らが真実を語っていると主張したとしても、何の意味もない。しかしだからと言って、彼らが必ずしも嘘つきというわけでもない。またキュートなものは、とびきり豊かな表情を見せることもあるが、それでも彼らが何を隠し、どんな立ち位置にいるのかは判然としない。彼らは無害で見る者に安らぎを与えるが、それを、相手を戸惑わせる先鋭的なやり方でやってのけるところが〝キッチュ〟とは違う。また、キュートなものは、陰気くさいときでも、その陰気さはどこか軽く、子どもっぽいふりをしても、利口すぎるせいでたんに子どもっぽいだけでは終わらない。

さらに彼らは、自分たちの捉えどころのなさを巧みに利用することで、どこまでが本気でどこまでが偽りかを曖昧にし、その捉えどころのなさをよりいっそう強化する。彼らは、自分をつかまえてみろ、と見る者たちをからかうが、そうやって誘いをかけることで、自分の無防備さを見せつけているようにも見える。そのうえ、自分のことを物扱いしろ、と見ている側をそそのかしたりもする——それがキュートが批判される理由になってきたことはこれまでに見てきたとおりだ。さらにキュートは、自らの傷を隠すのではなく、その傷を魅力に変えてしまう。

このすべてをキュートはふざけた調子で、あるいは大真面目にやってのける。それも最高にキュートなものとなれば、もはやふざけているのか真面目なのかもわからない曖昧さでそれをやってみせるのだ。また、キュートなキャラクターのマゾヒズム的要素も、じつは無力を装ったり、自分の無力さを冗談半分に見せつけるための手段であったりする。したがって、キュートなもののマゾ的要素が誘発するのは、相手を傷つけたい、侮辱したいというユーモアゼロのサディスティックな欲望というよりはむしろ、会いたかったことを伝えたり、その捉えどころのなさをたしなめたりする、ふざけ半分のちょっと乱暴な愛情や普通より少し強めのハグなのだ。

けれどここでも、キュートなキャラクターはその曖昧さで私たちを悩ませる。

いったい、本当に力を持っているのは誰なのか？　その力の目的は？　彼らが、彼らのファンたちより弱く、受け身で、言葉も持っていなかったとして、だからなんだというのか？　私たちは、互いの関係性における力の価値を過剰評価してはいないだろうか？　力の格差を是正するだけでなく、人間関係が力で決まらない世界――力が人間関係を支配しない、あるいは力が人間関係を支配するとみなされない世界――を実現することは可能なのだろうか？　たとえば本物の友情なら、力関係の入る余地はないはずだ。

キュートなものはばかばかしく、明確な目的を持っているようにも見えないし、手段と目的の合理性にも無関心だ（最終的にはゴールを達成するかもしれないが、そのための手段や目的を計画したり体系的に追求したりはしない）。またキュートなものたちは、管理されたり我慢を強いられたりしないことを明らかに喜んでいるし、労働やキャリアや業績といった真面目な世界とも正反対の存在だ。さらに、〝対等な者同士が敬意と率直さをもって相対する〟人間関係こそが理想、とする一般通念を腹の底で嗤い、戦略もなければ重要性もないちっぽけな存在であることを楽しんでいるが、こういったキュートの特徴すべてが、今の私たちの時代の主流をなす倫理からは大きく逸脱している。

今の時代の倫理とは、明確な目的、明確な表現に徹底的にこだわり、思っていることを言葉にし、言葉にしたことを本気で思い、自分の人生の責任は最大限に負い（弱さへの恐怖は、自己責任を口先で語ることでごまかされることが多い）、安全を守り、重要な人間関係はすべて力の平等と敬意に基づいていると考え（少なくとも、そのふりを装い）、自分の能力をフルに発揮し、とにかく何が何でも生き抜け、というものだ。

この一般的な倫理感で考えれば、キュートなど当然、まともにとりあうような代物ではなく、ばかばかしくて、多くの点で唾棄すべきものだ。支離滅裂で無意味で無駄の塊、そのうえ考えなしで軽率、とまさに一九世紀のロシア文学に登場する〝役立たずのごくつぶし〟同然の存在だ――しかし現代は、豪華なものや不変なものより小さなものや儚いもの、高邁な理想より大量生産の大衆文化的商品が愛される時代でもある。キュートは、人生を最大限に生かすことも、力を持っているように見せかけることも、己が何を欲しているかを知ることも得意ではないし、目的を設定することも、それを達成するための手段を見つけることも、目的を達成するために決死の覚悟で邁進することも苦手だ。それでも、倫理にがんじがらめの現代社会で、キュートは大流行している。

けれどもしキュートがたんにとりとめがなく、受け身で、取るに足らないものというだけだったら、これほど人を惹きつけたりはしないし、村上隆の作品が、〝魅力的〟とか〝クール〟といった、独創的で手の届かないもの、見る人に操作されたり、デフォルメされたりしないものを指す形容詞で語られることもないだろう。

キュートが人を虜にするのは、キュートもまた今の時代の気分、すなわち人間の生活——たとえば知識や意義や倫理——には不確実または不確定なものがつきものだと認め、むしろそれを楽しんでいるからだ。だがいっぽうで、私たちは人間関係や世界に、法則性のある予測可能性や確実性、わかりやすさ、明確さを求めてもいる。ハイゼンベルクの不確定性原理は私たちの時代を如実に表していると言われるが、それは法則性のある宇宙にも絶対に排除できない曖昧さがあり、世界について得られる知識には基本的に限界があることを前提にしているからだ。つまり、量子の運動量と位置の両方を正確かつ同時に把握することはできず、どちらかいっぽうが確実にわかればわかるほど、もういっぽうはわからなくなるということだ。

知識の限界、理解や価値観や決定に必要な基盤の欠如、制約のない自由、曖昧さ、単一の基本目的の欠如。このどれもが、現代の西洋社会にとっては非常に魅力的に映る（第5章で述べたように、これもまた、不確定性や不確実性を受け入れ、賛美さえする日本文化が西洋社会で支持される理由だ）。

またキュートが、不確実性を不真面目な態度で認めるという時代の気分のなかにいるということも重要だ。私たちのなかには、自由や曖昧さや偶然に喜びを覚えながらも、これまで以上の安全や明確さや管理を求めるという、相反する感情があり、それが西洋に新たに生まれた現代の二元論を形成している。しかしこの新たな二元論は、現代ではほとんど意味がなくなったかつての二元論、すなわち人間／動物、身体／心、精神／肉体、神／世俗、永続的／一時的といった二元論ほど明確に分かれてはいない。

不確実性を認める陽気な態度。茶目っ気たっぷりの捉えどころのなさ。ゴールや結果を求めない姿勢。可能性や儚さの重視。〝心の中の〟世界を正確に表現しようと意識的に努力する誠実性崇拝を回避する巧みさ。キュートのこういった性質すべてが、一八世紀の末にルソーやワーズワースが始め、さまざまなかたちで西洋に根づいていった〝自然の無垢を賛美〟する精神と調和している。

〝自然の無垢の賛美〟、それは〝生成の無垢（die Unschuld des Werdens）〟の回復を目指すニーチェが、その典型的な方法として示したものだ。[★1]ニーチェが考える人間の最も高度な類型、すなわち長期にわたる発達の頂点にあるのは、義務も知らなければ、結果も、意味も、罪悪感さえも知らない子どもだ。彼は子どものことを「無垢だ。忘れる。新たな始まりだ。遊ぶ。みずから回る輪だ。最初の運動だ。聖なる「然り《ヤー》を言うこと」だ」[★2]と言っている。また、神を遊ぶ子どもになぞらえ「「遊戯」、無用のもの――累積された力をもつ者の理想としての、「子供らしさ」としての。神の「子供らしさ、戯れつつある子供」[★3]」とも言い、晩年には「男の成熟、それは子どものころに遊びのうちで示した真剣さを取り戻したということだ」[★4]と付け加えている。また一九世紀および二〇世紀の多くの思想家の例にもれず、ニーチェも古代ギリシャの賢人、ヘラクレイトスを振り返っている。ヘラクレイトスの著作は断片しか残っていないが、彼は〝人生〟、〝永遠〟、あるいは〝時間〟とさまざまに訳される「アイオン」という言葉を、謎めいた、けれど示唆に富んだ意味合いで語っている。

> 人生は、将棋の駒を動かして遊ぶ子ども。王権は子どものもの。[★5]

キュートなものやキュートなスタイルの多く、いや、おそらくそのほとんどは平凡で、模倣的で、陳腐だが、そこに命を吹き込むキュートの精神はそれとはまったく違う。なぜならキュートとは、生成の無垢に魅力を感じる現代性のひとつの表れだからだ。現代は、人間の命、もっと広く言えばその存在を儚いもの、目的もなければ罪もなく、結果も原因も、最終的な調和もないものと考えたがる時代だ。また、人の命や存在が歪み、変性してしまったのは、そこに〝道徳的な世界秩序〟をあてはめて命や存在を善悪で判断したからだ、あるいはひとつの明確な見方で捉えようとしたからだ、と考える時代でもある。そんな現代的な考え方で捉えた命や存在は、あきらめや惨めさ、自己満足や悲劇性とは無縁であり、むしろ陽気で、不安定で、不完全、そのうえ不真面目であることも多い。そしてそれを体現しているのが、キュートの精神なのだ。

キュートという感性を、無力さの美学を幼児化しただけのものと考えたら、それは大きな間違いだ。また、キュートなんて、なじみがあって脅迫的ではないものを支配し、搾取し、冒瀆したいという自己陶酔的欲求の現れにすぎないなどと考えたら、それはもっと大きな間違いだ。よしんばキュートがそういうものであっても――もちろんファンのなかにはそう思っている人もいる――、キュートはたんにそれだけのものではない。キュートの儚く流動的な表現形式は、どんなによく知っているありきたりなものでもやはり不気味であること、いくら安心して過ごそうと努力しても、不確実性のなかで生きる私たちにそれは不可能であることを明るく伝えている。そしてキュートは、そんな私たちの場違い感にスタイルを、私たちが抱える不確実性に軽さを与えることで、解放感、特にアイデンティティと力による絶対支配からの解放感をかきたてる。それは、明確なアイデンティティと、誠実で偽りのない表現を目指す力の度合いによってのみ人間の命を理解する、という窮屈さからの解放だ。これまで見てきたように、キュートなものや人の多く、というかほとんどは、その能力も性別も、年齢、民族、倫理感も曖昧だ。また、キュートなものとそのファンとの関係がサドマゾ的なものになっていない限り、キュートなものはためらうことなく権力を揶揄し、その権力の最大の目的と価値を問い、さらにはその権力を実際に行使しているのは誰なのかも問いかけてくる。

キュートがこのように私たちの時代の精神——新たなあり方を試し、模索する私たちの時代の精神——を物語っているのだとすれば、この一見くだらなくも見えるキュートという世界は、おそらく私たちが大真面目に向き合うべき世界なのだ。

謝辞

本書を担当してくれた編集者、サラ・カロに心から感謝したい。この型破りな話題（少なくとも哲学者にとってはそうだ）を扱った本書に対する彼女の情熱と感受性豊かな知性、そしてその助言は、私にとって大きな刺激となった。彼女と一緒に仕事ができたことは光栄であり、大きな喜びだ。また、共同編集者のハナ・ポールの思慮深い助言と見事なサポート、そしてイラストの複製許諾を得るための彼女の努力にも感謝したい。

また、原稿が出版に至るまでの過程を管理してくれたプロダクション・エディターのテリ・オプリーにも感謝する。モラン・ゴールドスタインの丁寧な校閲と思慮に富んだアドバイスには大いに助けられた。営業用コピーに磨きをかけてくれたテレサ・リュウ、オーディオブックの制作を担当してくれたキンバリー・ウィリアムズ、広報担当のキャロライン・プライデイとジュリア・ハアヴ、索引を作ってくれたスティーヴン・ムーア、装丁をデザインしてくれたパメラ・シュニッター、プロダクション・マネージャーのジャクリーン・ポアリエ、表紙をデザインしてくれたアマンダ・ワイス、マーケティングとソーシャルメディア担当のステファニ・ロハス、編集助手のチャーリー・アレン、そしてプリンストン大学出版局のみなさんのスキルと協力に心から感謝する。

また、ジェフリー・アレクサンダー、スティーヴン・ベイリー、ステファニ・ボージャン、サイモン・ブラックバーン、ジョシュア・デイル、ジェシカ・フレイジャー、サシャ・ゴロブ、アンドリュー・ハドルストン、ロバート・ジャクソン、シャロン・キンセラ、グリセルディス・キルシュ、スティーヴン・マチェドは私の原稿に貴重な意見を寄せてくれた。

そして有能な研究助手のサラ・ポーレット・ジャクソンは脚注と参考資料、参考文献一覧をチェックし、多くの重要な提案をしてくれた。相変わらずの彼女の細やかな作業には感謝してもしきれない。

ニューヨークの私のエージェント、ピーター・バーンスタインに心からの感謝を贈りたい。

あらゆる意味で本書のインスピレーションとなってくれたミミ・デュランド・クリハラに、この本を捧げる。

原註

はじめに

★1　ソンタグが彼女の代表的なエッセイ *Against Interpretation and Other Essays*（London: Penguin, 2009）収録の Notes on 'Camp' で「キャンプ」を名詞として使っているように（彼女もキャンプの最初の一文字を大文字にしている）、私も本書では「キュート（Cute）」を物体の性質やキュートさに対する主観的な反応を指す名詞として使用している。［邦訳＝スーザン・ソンタグ『反解釈』海老根宏、川村錠一郎、喜志哲雄訳、筑摩書房、一九九六年］

★2　Montesquieu, *The Spirit of the Laws*, trans. and ed. Anne M. Cohler, Basia Carolyn Miller, and Harold Samuel Stone (Cambridge: Cambridge University Press, 1989), 310.［邦訳＝モンテスキュー『法の精神』野田良之訳、岩波書店、一九八九年］

第1章　大衆を誘惑する武器としての〈キュート〉

★1　ニーチェは、「臆することなく表面的」で、「浅はか——深みから出た浅はか」であることにこだわるギリシャ人を称賛している。Friedrich Nietzsche, "Preface for the Second Edition," *The Gay Science*, trans. Walter Kaufmann (New York: Random House, 1974), §4, 38.［邦訳＝フリードリヒ・ニーチェ『喜ばしき知恵』村井則夫訳、河出書房新社、二〇一二年］

★2　根拠のなさに関するハイデッガーのすばらしい論考については、Katherine Withy, *Heidegger on Being*

Uncanny,(Cambridge, MA : Harvard University Press, 2015) を参照。

★3 Sontag, "Notes on 'Camp,'" 275.

★4 Sontag, "Notes on 'Camp,'" 288, 283 も参照。

★5 Gary Genosko, *Félix Guattari: An Aberrant Introduction* (London and New York: Continum, 2002), 115.

★6 他にも《バルーン・ドッグ》をキュートさの典型と考える人々はいる。たとえば、*The Aesthetics and Affects of Cuteness*, ed. Joshua Paul Dale, Joyce Goggin, JuliaLeyda, Anthony P. McIntyre, and Diane Negra (New York and London: Routledge, 2017) 130–150 に収録されているエリザベス・レッグの知的な解説 "When Awe turns to Awww: Jeff Koons's Balloon Dog and the Cute Sublime" を参照。

★7 Christine R. Yano, *Pink Globalization: Hello Kitty's Trek across Pacific* (Durham, NC, and London: Duke University Press, 2013), 8.〔邦訳＝クリスティン・ヤノ『なぜ世界中が、ハローキティを愛するのか？――〝カワイイ〟を世界共通語にしたキャラクター』久美薫訳、作品社、二〇一七年〕

★8 これらの事実を紹介してくれたのは Laura Tangley, in Amy Crawford, "Q&A with Laura Tangley," *Smithonian Magazine*, May 31, 2006 と Natalie Angier, "The Cute Factor," *New York Times*, January 3, 2006 である。ここで取り上げたペンギンのドキュメンタリー映画は『皇帝ペンギン』(二〇〇五年)。

★9 Sianne Ngai, *Our Aesthetic Categories: Zany Cute, Interesting* (Cambridge, MA, and London; Harvard University Press, 2012), 3, 24, 64, 85.

★10 Yano, *Pink Globalization*, 22.

★11 Yano, *Pink Globalization*, 167, citing Annalee Newitz, "The Apotheosis of Cute," *San Francisco Bay Guardian*, June 3, 2002 を引用。

★12 Gary S. Cross, *The Cute and the Cool: Wondrous Innocence and Modern American Children's Culture* (New York: Oxford University Press, 2004), 4, 43.

★13 Angier, "The Cute Factor" で、アンジェはダットンの見解を紹介している。

★14 Sharon Kinsella, "Comments on McVeigh (1996)," *Journal of Material Culture* 2 (3), 1997, 383–387, 383 を参照。

★15 Daniel Harris, *Cute, Quaint, Hungry, and Romantic: The Aesthetics of Consumerism* (New York: Basic Books, 2000), 21, 15, 13, 5.

★16 Daniel Harris, *Cute, Quaint, Hungry, and Romantic*, 12, 11, 12, 7, 諸所。

★17 Joshua Paul Dale, "The Appeal of the Cute Object," in Dale et al., *The Aesthetics and Affects of Cuteness*, 35-55, 52 を参照

★18 Gary D. Sherman and Jonathan Haidtm "Cuteness and Disgust: The Humanizing and Dehumanizing Effects of Emotion," in *Emotion Review* 3 (3), July 2011, 245-251. 引用は 248, 250 より。

第2章　エデンの園でギョッとする

★1 Konrad Lorenz, *Studies in Animal and Human Behaviour*, vol. 2, trans. Robert Martin (London: Methuen, 1971), 154-156, cf. Konrad Lorenz, *The Foundations of Ethology*, trans. Konrad Z. Lorenz and Robert Warren Kickert (New York and Vienna: Springer Verlag, 1981), 162-165.

★2 Gary Cross, *The Cute and the Cool*, 5.

★3 E. T.の特徴についてのこのくだりは、Gary Genosko, *Félix Guattari*, 115 を参考にした。

★4　クマのプーさんや『101匹わんちゃん』、リトル・マット、ソー・シャイ・シェリの例や、〝解剖学的に最悪な体型〟という言い回しは、Daniel Harris, *Cute, Quaint, Hungry, and Romantic*, 1-6, 3 を参考にした。

★5　Sigmund Freud, "The 'Uncanny' (1919)" in *The Standard Edition of the Complete psychological Works of Sigmund Freud*, ed. and trans. James Strachey (London: Hogarth, 1955), vol. 17, 217-256.［邦訳＝フロイト『ドストエフスキーと父親殺し／不気味なもの』中山元訳、光文社、二〇一一年に収録］フロイト同様、キュートと不気味さの関係にすでに気づき、文章にしている人は何人かいた。たとえば Joel Gn, "On the Curious Case of Machine Cuteness," in Dale et al., *The aesthetics and Affects of Cuteness*, 175-193 を参照。

★6　Lorenz, *The Foundations of Ethology*, 164-165.

第3章　不確定性原理としてのキュート

★1　この神話の要約と解釈は Luc. Brisson, *Sexual Ambivalence,* trans. Janet Lloyd (Berkeley and London: University of California Press, 2002), 42-60. を参考にした。ブリッソンは Ovid, *Metamorphoses IV*, 285-388, on 48. を引用している。［邦訳＝オウィディウス『変身物語』中村善也訳、岩波書店、二〇〇九年］

★2　Una Roman D'Elia, "Grotesque Painting and Painting as Grotesque in the Renaissance," *Notes in the History of Art* 33 (2), 2014, 5-12, 5.　エリアはヴァザーリを引用し、「このくだりは 1550 edition（Book I: 'Proemio,' ch. XXVII）……Giorgio Vasari, *Le Opere*, ed. Gaetano Milanesi, 9 vols.（Florence: Sansoni, 1906）, I, 193 の両方にある」と付け加えている。

★3　Sontag, "Notes on 'Camp,'" 280.

★4 Clement Greenberg, "Avant-Garde and Kitsch," in *Art and Culture* (Boston: Beacon, 1961), 9, 諸所。［邦訳＝『グリーンバーグ批評選集』藤枝章雄編訳、勁草書房、二〇〇五年に収録］

★5 これは、"The Baby show Exhibit," Lost Museum Archive, City University of New York, <http://lostmuseum.cuny.edu/archive/exhibit/baby/> に保存されている "Prize and no Prize, or What's a Baby? Infantine and Maternal Jealousy," in *New York Picayune* に関するコメントからの引用。このアーカイブにはバーナムのアメリカ博物館や赤ちゃんショーについての詳しい情報も保存されている。当時の別の新聞記事については、"The Baby Show," *New York Times*, 6 June 1855 を参照。赤ちゃんショーやこれらの資料についての私の解説は、Angela Sorby, "'A Dimple in the Tomb': Cuteness in Emily Dickinson," *ESQ: A Journal of Nineteenth-Century American Literature and Culture*, 63 (2), 2017, 297-328, 311 を参考にした。親指トムとフィニアス・テイラー・バーナムに関する私のコメントは、London's Victoria & Albert Museum のウェブサイト上の記事、<http://www.vam.ac.uk/content/articles/t/tom-thumb/> を参考にした。

★6 "The Loving Lilliputians," *New York Times*, 11 February 1863.

★7 Ngai, *Our Aesthetic Categories*, 15.

★8 Ngai, *Our Aesthetic Categories*, 12-13.

★9 Ngai, *Our Aesthetic Categories*, 76-77.

★10 Cross, *The Cute and the Cool*, 43.

★11 "Cute," Merriam-Webster.com.

★12 Cross, *The Cute and the Cool*, 57-58, 65. シャーリー・テンプルに関する私のコメントはクロスの著作を参考にしている。

★13 G. W. F. Hegel, "Independence and Dependence of Self-Consciousness: Lordship and Bondage," in *Phenomenology of Spirit*, trans. A. V. Miller (Oxford: Oxford University Press, 1979), 111-119. ［邦訳＝G・W・F・ヘーゲル『精神現象学』熊野純彦訳、筑摩書房、二〇一八年］

★14 Harris, *Cute, Quaint, Hungry, and Romantic*, 6

★15 Friedrich Nietzsche, *Beyond Good and Evil*, in *Basic Writings of Nietzsche*, trans. Walter Kaufmann (New York: Modern Library, 1968), 181-435, §§13, 186, 211, and 289（傍点は著者）。［邦訳＝ニーチェ『善悪の彼岸』中山元訳、光文社、二〇〇九年］

★16 Anthony Giddens, *The Transformation of Intimacy: Sexuality, Love and Eroticism in Modern Societies* (Cambridge: Polity Press, 1992), 171. セクシュアリティと力関係に関するフーコーの解説は 18-19,169-171 のギデンズのコメントを参考にした。［邦訳＝アンソニー・ギデンズ『親密性の変容』松尾精文、松川昭子訳、而立書房、一九九五年］

第４章　ミッキーマウスとキュートの連続体

★1 Konrad Lorenz, "Die Angeborenen Formen möglicher Erfahrung," *Zeitschrift Tierpsychologie* 5 (1943), 235-409; および Lorenz, *Studies in Animal and Human Behaviour, vol. 2,* 154. ローレンツによる幼児の特徴の概要は、John Morreall, "Cuteness", *British Journal of Aesthetics* 31 (1), January 1991, 39-47 を参考にした。

★2 Stephen Jay Gould, "A Biological Homage to Mickey Mouse," in *The Panda's Thumb: More Reflections in Natural History* (New York and London: W.W. Norton, 1982), 95-107, 95 を参照。［邦訳＝スティーヴン・ジェイ・グールド『パンダの親指――進化論再考』桜町翠軒訳、早川書房、一九九六年］

★3 Gould, "A Biological Homage to Mickey Mouse," 95.

★4 写真と引用した文章は Gould, "A Biological Homage to Mickey Mouse," 96-97. Picture copyright: Walt Disney Productions. をアレンジ。

★5 Gary Genosko, "Natures and Cultures of Cuteness," in *InVisible Culture: An Electronic Journal for Visual Culture* Issue 9, Fall 2005. Visual & Cultural Studies Program, University of Rochester, 1.

★6 こう示唆したのは、クリストファー・フィンチだ。彼は「ミッキーは（……）ほとんど国民的なシンボルになってしまい、どんなときにもシンボルにふさわしくふるまうことを期待されるようになった。たまにミッキーが道を踏みはずしたりしようものなら、たちまち、国民の道徳的福祉を自分たちが握っているように思っている市民や団体から、無数の手紙がスタジオへ殺到したものである。（……）結局、ミッキーはまともな人物の役を果たすように、圧力をかけられていたのである」と言っている。Gould, "A Biological Homage to Mickey Mouse," 96 から引用。

★7 Gould, "A Biological Homage to Mickey Mouse," 97.

★8 たとえば Lorenz, *Studies in Animal and Human Behaviour*, 154-156; cf. Lorenz, *The Foundations of Ethology*, 153-162 を参照。

第5章 カワイイ——日本という国の新しいカタチ

★1 Martin Heidegger, *Being and Time*, trans. John Macquarrie and Edward Robinson (Oxford: Blackwell, 1962), 174-176, 230-235.［邦訳＝マルティン・ハイデッガー『存在と時間』細谷貞夫、筑摩書房、一九九四年］

★2 Yano, *Pink Globalization*, 46.

★3　Sharon Kinsella, "Cuties in Japan," in *Women, Media and Consumption in Japan*, ed. Lise Skov and Brian Moeran (Honolulu: University of Hawaii Press, 1995), 220-254, 244を参照。キンセラは、現代日本のこの「少女キャラクターへの関心とそれを作り出すことへの関心が極めて高い男性文化」の議論をさらに発展させている。"Minstrelized Girls: Male Performers of Japan's Lolita Complex," *Japan Forum* 18 (1), March 2006, 65-87, 65を参照。

★4　Kinsella, "Cuties in Japan," 220-221から引用。オリジナルは一九九二年一一月に『CREA』誌58（日本）に掲載されたもの。

★5　Kinsella, "Cuties in Japan," 237.

★6　Takashi Murakami, "Earth in My Window," in *Little Boy: The Arts of Japan's Exploding Sub- culture*, ed. Takashi Murakami (New Haven, CT: Yale University Press; New York: Japan Society, 2005), 100-101.［邦訳＝村上隆『リトルボーイ　爆発する日本のサブカルチャー・アート』ジャパンソサエティー・イェール大学出版、二〇〇五年］

★7　Christine R. Yano, "Wink on Pink: Interpreting Japanese Cute as It Grabs the Global Headlines," *Journal of Asian Studies* 68 (3), 2009, 685より。

★8　Matt Alt, "Japan's Cute Army," *New Yorker*, 30 November 2015. この段落および次の段落はアルトの記事を参考にした。

★9　Alt, "Japan's Cute Army".

★10　Marilyn Ivy, "The Art of Cute Little Things; Nara Yoshitomo's Parapolitics," *Mechademia* 5, 2010, 3-29, 5を参照。

★11 私がこの作品に初めて気づいたのが、Ivy, "The Art of Cute Little Things" 8である。

★12 引用と引用部分は、Roger Scruton, *The Aesthetics of Music* (Oxford: Oxford University Press, 1999), 464。翻訳はDonald Keene, *World Within Walls: Japanese Literature of the Pre-Modern Era* 1600–1867 (New York: Columbia University Press, 1999).［邦訳＝ドナルド・キーン『日本文学史 近世編』2 Vols.、徳岡孝夫訳、中央公論社、一九七六–七七年］

★13 Matsuo Basho, *Basho: The Complete Haiku*, trans. Jane Reichhold (Tokyo, New York, and London: Kodansha International, 2008)、165と342。

★14 この一文はAnne Allison, "Cuteness as Japan's Millennial Product," in *Pikachu's Global Adventure: The Rise and Fall of Pokemon*, ed. Joseph Tobin (Durham, NC, and London: Duke University Press, 2004)、34-49と34-35を参考にした。

★15 Dani Cavallaro, *Art in Anime: The Creative Quest as Theme and Metaphor* (Jefferson, NC, and London: McFarland, 2012), 46.

★16 Sei Shonagon, *The Pillow Book of Sei Shonagon*, vol. 1, trans. Ivan Morris (New York: Columbia University Press, 1967), 156-157. *The Pillow Book* を私に勧めてくれたジョシュア・デイルに感謝する。［邦訳＝清少納言『枕草子』］

★17 Murakami, ed., *Little Boy: The Arts of Japan's Exploding Sub- culture*, 86で引用されている、みうらじゅん『ゆるキャラ大図鑑』（扶桑社、二〇〇四年）。

★18 日本のキュートの例として、この嵐の神ともののけ姫を紹介してくれたジェシカ・フレイジャーに感謝する。天照とスサノオの物語については、*The Kojiki: An Account of Ancient Matters*, ed. Ōno Yasumaro, trans. Gustav Heldt, 23-24 を参照。［邦訳＝太安万侶『古事記』］

★19 Katy Siegel, "In the Air," in Murakami, ed., *Little Boy: The Arts of Japan's Exploding Subculture*, 283.

★20 Brian McVeigh, "Commodifying Affection, Authority and Gender in the Everyday Objects of Japan," *Journal of Material Culture* 1 (3), November 1996, 291-312, 302 参照。シャロン・キンセラは、「キュートなスタイルで装い、無邪気な世間知らずを装った若者たちは、十代の若手タレント山田邦子が作り出した表現〈ぶりっこ〉という名で呼ばれていた。この名詞は、〃ぶりっ子する〃または、よりシンプルに〃ぶりぶりする〃という動詞を生んだ」と説明している。Kinsella, "Cuties in Japan," 225.

★21 Olivia Waxman, "Hello Kitty at 40: Sexist Throwback or Empowering Icon?" *Time*, 31 October 2014 より。

★22 McVeigh, "Commodifying Affection, Authority and Gender in the Everyday Objects of Japan," 308.

★23 Sherman and Haidt, "Cuteness and Disgust: The Humanizing and Dehumanizing Effects of Emotion," 248.

第6章　金正日のキュートさ

★1 Kinsella, "Minstrelized Girls," 76-77.

★2 B. R. Myers, *The Cleanest Race: How North Koreans See Themselves—And Why It Matters* (New York: Melville House, 2010), 109–110.

★3 Myers, *The Cleanest Race*, 101.

★4 これらの例は Eva Wiseman, "Addicted to Cute," *Guardian*, 12 June 2011 より引用。

第7章　キュートと不気味さ

★1 Freud, "The 'Uncanny,'" 241. 彼は「ただしこのウンハイムリッヒという語の前綴のウンは、抑圧の刻印なのである」(245) とも言っている。フロイトと不気味についてのこの言及は、Withy, *Heidegger on Being Uncanny*, 22-28 でのキャサリン・ウィジーのすばらしい考察を参考にした。

★2 Freud, "The 'Uncanny,'", 220.

★3 Ngai, *Our Aesthetic Categories*, 3.

第8章　キュートの擬人化は何が問題なのか

★1 Harris, *Cute, Quaint, Hungry, and Romantic*, 4, 11-13, 諸所。

★2 Ngai, *Our Aesthetic Categories*, 91.

★3 Francis Ponge, *L'Orange*, 1942, from *The Voice of Things*, trans. Beth Archer (New York: McGraw Hill, 1972), 36. ［邦訳＝フランシス・ポンジュ『物の味方』阿部弘一訳、思潮社、一九八四年］Ngai, *Our Aesthetic Categories*, 90–91 で引用。

★4 Ngai, *Our Aesthetic Categories*, 91.

★5 Ngai, *Our Aesthetic Categories*, 85.

★6 Ngai, *Our Aesthetic Categories*, 92.

★7 Ngai, *Our Aesthetic Categories*, 108, 98, 93.

★8 Sorby, "'A Dimple in the Tomb,'" 299.

★9 この詩の例は、Sorby, "A Dimple in the Tomb," 320 を参考にした。Sorby は Dickinson, "Letter 641," *Letters of Emily Dickinson*, ed. Thomas H. Johnson and Theodora Ward (Cambridge, MA: Harvard University Press, 1958), 3:661 を引用。

★10 Homer, *The Odyssey*, trans. Robert Fagles (New York: Viking Penguin, 2006), 10.619-622, 248. ［邦訳＝ホメロス『オデュッセイア』松平千秋訳、岩波書店、一九九四年］

★11 Emily Dickinson, *The Complete Poems of Emily Dickinson*, ed. Thomas H. Johnson (Toronto: Little, Brown, 1961), 61, 32（本文中の訳は訳者）。

★12 この聖書の引用についてはジェレミア・アンターマンに感謝する。

★13 創世記 6:19.

★14 箴言 6:6–8; cf. 箴言 30:24-28 を参照。

★15 伝道の書 3:19-21。

★16 Sherman and Haidt, "Cuteness and Disgust," 245-248, 諸所。

★17 この種の二者択一が起こるのは、キュートへの反応に限ったことではない。同情もまた同じで、ドイツ語の Mitleid の文字通りの意味は〝共に感じる〟または〝共に苦しむ〟だ。キュートと同様に、同情を巡っても過去に議論となったことがあるが、こちらのほうがずっと古く、複雑だ。二五〇〇年ほど前のアリストテレスに始まり、一八世紀および一九世紀のルソーやショーペンハウアーへと伝わった流派は同情に対して好意的だが、ギリシャおよびローマ時代のストア派からスピノザ、カントそしてニーチェへと伝わったもう一方の流派は、その危険性を警告している。マーサ・ヌスバウムは、この二つの流派の言い分を著書『Upheavals of Thought: The Intelligence of Emotions』(New York:

Cambridge University Press, 2001)、特に 301-342 と 356-392 で見事にまとめ、評価している。

★18　Ngai, *Our Aesthetic Categories*, 64 ,63.

第9章　キュートとモンスター性——ドナルド・トランプの場合

★1　キュートとモンスター性の関係を探るよう勧めてくれたロバート・ジャクソンに心から感謝する。マヤ・ブロゾウスカ・ブリジンスカも、Niall Scott, ed., *Monsters and the Monstrous: Myths and Metaphors of Enduring Evil* (Amsterdam: Editions Rodopi, 2007) に収められた興味深い随筆『Monstrous/Cute: Notes on the Ambivalent Nature of Cuteness』でモンスター性とキュートとの関係を論じている。

★2　これらのモンスター性の例は、"Monstrous and Imaginary Subjects," in *Encyclopedia of World Art*, vol. 10, ed. Bernard S. Myers (London: McGraw-Hill, 1965), cols. 250-272; cols. 251-254 を参考にした。

★3　*Encyclopedia of World Art*, vol. 10, cols. 252-253, col. 252 を参照。

★4　このグロテスクの特徴は、グロテスクを「世の中の凶暴な側面を想起させ、鎮圧しようとする試み」と捉えたウルフギャング・カイザーの研究を参考にした。Wolfgang Kayser, *The Grotesque in Art and Literature*, trans. Ulrich Weisstein (New York: Columbia University Press, 1981), 188. いっぽう、同じテーマを扱った著書でトマス・クラマーは、ドナルド・トランプを理解するうえでも重要なグロテスクを「喜劇や、説明のつかないものを前にして感じる不安による敗北」と少々異なる定義をしている。Thomas Cramer, *Das Groteske bei E. T. A. Hoffmann* (Munich, 1966), 26 は、Michael Steig, "Defining the Grotesque: An Attempt at Synthesis," *Journal of Aesthetics and Art Criticism* 29 (2), Winter 1970, 253–260, 256, n. 9. で引用、翻訳されている。

★5 Steig, "Defining the Grotesque," 255.

★6 Thierry Goater, "An 'Uncanny Revel': The Poetics and Politics of the Grotesque in Thomas Hardy's *The Mayor of Casterbridge*," in *The Grotesque in the Fiction of Charles Dickens and Other 19th-Century European Novelists*, ed. Isabelle Hervouet-Farrar and Max Vega-Ritter (Newcastle upon Tyne: Cambridge Scholars Publishing, 2014), 133–149, 147 を参照。

第10章　キュートと、新たに登場した子ども崇拝

★1 私の著書『*Love: A New Understanding of an Ancient Emotion*』でも論じたように、幼年時代の地位が神聖なものへ格上げされた時期と、至上の愛の対象が恋愛のパートナーから子どもへと代わった時期は驚くほど一致している。じつは一八世紀の後半より、至上の愛の対象は神から恋愛のパートナーへと徐々に移ったが、一九世紀の末になると今度は子どもがその座につくようになった。しかし意外なことに、この子どもの地位の向上は、失われた無垢への渇望や、無垢に対するやみくもな崇拝によるものではなく、死後の世界を信じなくなった世界で不死を求める新たな手段というわけでもない。また、子どもの死亡率が低下したせいで、子どもに愛や価値を注ぐことが「より安全になった」からでもない。子どもの地位が上がったのはむしろ、「一八世紀後半よりゆっくりと根を下ろしていったいくつもの現代的な価値観が結びついた結果だ」。そういった価値観のなかでも最も重要なのが「神や、恋人たちの個性を破壊する恋愛といった超越的な世界ではなく、日常の世界で神聖なものを見つけたいという思いや、子どもの安全が第一となったこの時代のリスクや苦しみとの戦い、幼年時代こそが豊かな人生を送る鍵であるというこれまでにない考え方、個人の自主性を重視する価値観

だ。そのような現代の価値観にとっては、子どもへの愛のほうが（……）恋愛における愛などよりずっと相性がいい。いっぽう、愛には最終ゴールがある、すなわち愛する人との結婚や、愛を〝完成させる〟出来事といった最終ゴールがあることを前提とした神や恋人への愛は、現代の価値観にはそぐわない」。Simon May, *Love: A New Understanding of an Ancient Emotion* (New York: Oxford University Press, 2019), xviii; cf. Chapter 33 を参照。

★2 Neil Postman, *The Disappearance of Childhood* (New York: Delacorte, 1982).［邦訳＝ニール・ポストマン『子どもはもういない』小柴一訳、新樹社、二〇〇一年］

★3 Sharon Stephens, "Children and the Politics of Culture in 'Late Capitalism,'" in *Children and the Politics of Culture*, ed. Sharon Stephens (Princeton, NJ: Princeton University Press, 1995), 9, Allison James, Chris Jenks, and Alan Prout, *Theorizing Childhood* (Oxford: Polity, 1998), 85 に引用。

★4 Philippe Ariès, *Centuries of Childhood: A Social History of Family Life*, trans. Robert Baldick (London: Random House, 1996), 特に 31-47 を参照。［邦訳＝フィリップ・アリエス『〈子供〉の誕生——アンシァン・レジーム期の子供と家族生活』杉山光信、杉山恵美子訳、みすず書房、一九八〇年］

★5 ヴァーノン・レイノルズは、幼年時代を「まったく違う世界、あまりに違うために私たちは桁違いの存在に直面しているように見える」という見方を支持する実証研究について書いている。Vernon Reynolds, "Can There Be an Anthropology of Children? A Reply", *Journal of the Anthropological Society of Oxford* 5 (1), 1974, 32-38, 34, James, Jenks, and Prout, *Theorizing Childhood*, 85 に引用。

★6 Viviana A. Zelizer, *Pricing the Priceless Child* (Princeton, NJ: Princeton University Press, 1994), 5.

★7 Walter I. Trattner, *Crusade for the Children: A History of the National Child Labor Committee and Child*

Labor Reform in America (Chicago: Quadrangle, 1970), 11-12, Hugh D. Hindman, Child Labor: An American History (New York: M. E. Sharpe, 2002), 51. に引用。

★8　Zelizer, *Pricing the Priceless Child*, 6.

★9　Zelizer, *Pricing the Priceless Child*, 3

★10　Zelizer, *Pricing the Priceless Child*, 5-6.

★11　Zelizer, *Pricing the Priceless Child*, 6.

★12　Zelizer, *Pricing the Priceless Child*, 14. アメリカの養子縁組における幼児の需要は一九三〇年代にはわずか一九―二二パーセントだったが、一九五〇年代には四八パーセントに跳ね上がり、一九六〇年代には六八％、そして一九七〇年代の終わりには九八パーセントに達した、とゲイリー・クロスは書いている。Cross, *The Cute and the Cool*, 30.

★13　Zelizer, *Pricing the Priceless Child*, 23.

★14　Zelizer, *Pricing the Priceless Child*, 29.

★15　Ruth S. Kempe and C. Henry Kempe, *Child Abuse* (London: Fontana, 1978), 15.

★16　William Wordsworth, "Ode: Intimations of Immortality from Recollections of Early Childhood."

第11章　キュートのサバイバル

★1　Ngai, *Our Aesthetic Categories*, 54.

★2　この段落の引用は Yano, *Pink Globalization*, 160（傍点は著者）。

★3　Neil Steinberg, "The New Science of Cute," *Guardian*, July 19, 2016.

第12章　キュートとキッチュは一卵性双生児？

★1　Tomas Kulka, *Kitsch and Art* (University Park: Pennsylvania State University Press, 1996), 16.

★2　Hermann Broch, "Notes on the Problem of Kitsch," in *Kitsch: The World of Bad Taste*, ed. Gillo Dorfles (New York: Universe Books, 1969）, 49-76, 76を参照。

★3　Broch, "Notes on the Problem of Kitsch," 63.

★4　Greenberg, "Avant-Garde and Kitsch," 10.

★5　Karsten Harries, *The Meaning of Modern Art* (Evanston, IL: Northwestern University Press, 1968), 77. この部分はRobert C. Solomon, "On Kitsch and Sentimentality," *Journal of Aesthetics and Art Criticism* 49 (1), Winter 1991, 4, n. 12を参考にした。

★6　Whitney Rugg, "Kitsch," Theories of Media Keywords Glossary, <http://csmt.uchicago.edu/glossary2004/kitsch.htm>に掲載。

★7　この、深みがあるように見せかけるキッチュと、そんな見せかけのない安っぽくくだらないキッチュとの違いを指摘してくれたアンドリュー・ハドルストンに感謝する。

★8　Solomon, "On Kitsch and Sentimentality," 5, 諸所。

★9　Arthur C. Danto, *The Abuse of Beauty* (Chicago and La Salle, IL: Open Curt, 2003), 21.

★10　Milan Kundera, *The Unbearable Lightness of Being*, trans. Michael Henry Heim (London: Faber and Faber, 1985), 244.［邦訳＝ミラン・クンデラ『存在の耐えられない軽さ』千野栄一訳、集英社、一九九八年］

★11　Sontag, "Notes on 'Camp,'" 284.

★12 Tomas Kulka, "Kitsch," *British Journal of Aesthetics* 28 (1), Winter 1988, 18-27; 20, 23.

★13 Solomon, "On Kitsch and Sentimentality," 5.

★14 Kundera, *The Unbearable Lightness of Being*, 242.

第13章　誠実性崇拝からの脱却

★1 Lionel Trilling, *Sincerity and Authenticity* (Cambridge, MA: Harvard University Press, 1973), 6に引用。〔邦訳＝ライオネル・トリリング『〈誠実〉と〈ほんもの〉――近代自我の確立と崩壊』野島秀勝訳、法政大学出版局、一九八九年〕

★2 Jean-Jacques Rousseau, *Confessions*, trans. P. N. Furbank (New York: Knopf, 1992), bk. 1, 1 (傍点は著者)。〔邦訳＝ルソー『告白録』井上究一郎訳、河出書房、一九六八年〕

★3 一七六六年一月一九日にデイヴィッド・ヒュームがブーフレール伯爵夫人宛てに書いた私信。David Hume, *Private Correspondence of David Hume with Several Distinguished Persons, Between the Years 1761 and 1776* (London: Henry Colburn, 1820), 125. Bernard Williams, *Truth and Truthfulness: An Essay in Genealogy* (Princeton, NJ: Princeton University Press, 2002), 177.

★4 この件は、Trilling, *Sincerity and Authenticity* 特に8-11を参考にした。

第14章　「人生は遊ぶ子ども」

★1 Friedrich Nietzsche, "The Four Great Errors," in The Portable Nietzsche, ed. And trans. Walter Kaufmann (New York: Viking, 1976), §7-8, 499-501. 〔邦訳＝フリードリヒ・ニーチェ『偶

像の黄昏』村井則夫訳、河出書房新社、二〇一九年〕

★2 Friedrich Nietzsche, "On the Three Metamorphoses," in *Thus Spoke Zarathustra,* in The Portable Nietzsche, ed. And trans. Walter Kaufman (New York: Viking, 1976,) 139.〔邦訳＝ニーチェ『ツァラトゥストラはかく語りき』佐々木中訳、集英社、二〇一五年〕

★3 Friedrich Nietzsche, *The Will to Power,* trans. Walter Kaufmann and R. J. Hollingdale (New York: Vintage, 1968), § 797, 419, n. 125.〔邦訳＝ニーチェ『権力への意志』原佑訳、理想社、一九六二年〕*Pais Paison* はギリシャ語で〈遊ぶ子ども〉の意で、私が引用したヘラクレイトスの著作の断片をほのめかしている。

★4 Nietzsche, *Beyond Good and Evil,* § 94, 273.〔邦訳＝ニーチェ『善悪の彼岸』中山元訳、光文社、二〇〇九年〕

★5 Heraclitus, fragment XCIV (Diels Kranz 52), Charles H. Kahn, *The Art and Thought of Heraclitus (Cambridge University Press, 1979), 70-71* に引用。

参考文献

Allison, Anne, "Cuteness as Japan's Millennial Product" in *Pikachu's Global Adventure: The Rise and Fall of Pokémon*, ed. Joseph Tobin (Durham, NC, and London: Duke University Press, 2004), 34–49.

Alt, Matt, "Japan's Cute Army," *New Yorker*, November 30, 2015.

Angier, Natalie, "The Cute Factor," *New York Times*, January 3, 2006.

Ariès, Philippe, *Centuries of Childhood: A Social History of Family Life*, trans. Robert Baldick (London: Random House, 1996).〔フィリップ・アリエス『〈子供〉の誕生——アンシァン・レジーム期の子供と家族生活』杉山光信、杉山恵美子訳、みすず書房、一九八〇年〕

Basho, Matsuo, *Basho: The Complete Haiku*, trans. Jane Reichhold (Tokyo, New York, and London: Kodansha International, 2008).

Brisson, Luc, *Sexual Ambivalence*, trans. Janet Lloyd (Berkeley and London: University of California Press, 2002).

Broch, Hermann, "Notes on the Problem of Kitsch," in *Kitsch: The World of Bad Taste*, ed. Gillo Dorfles (New York: Universe Books, 1969), 49–76.

Brzozowska-Brywczyńska, Maja, "Monstrous/Cute: Notes on the Ambivalent Nature of Cuteness," in *Monsters and the Monstrous: Myths and Metaphors of Enduring Evil*, ed. Niall Scott (Amsterdam: Editions Rodopi, 2007).

Cavallaro, Dani, *Art in Anime: The Creative Quest as Theme and Metaphor* (Jefferson, NC, and London: McFarland, 2012).

Crawford, Amy, "Q&A with Laura Tangley," *Smithsonian Magazine*, May 31, 2006.

Cross, Gary S., *The Cute and the Cool: Wondrous Innocence and Modern American Children's Culture* (New York: Oxford University Press, 2004).

Dale, Joshua Paul, Joyce Goggin, Julia Leyda, Anthony P. McIntyre, and Diane Negra, eds., *The Aesthetics and Affects of Cuteness* (New York and London: Routledge, 2017).

Danto, Arthur, C., *The Abuse of Beauty* (Chicago and La Salle, IL: Open Court, 2003).

D' Elia, Una Roman, "Grotesque Painting and Painting as Grotesque in the Renaissance," *Notes in the History of Art 33* (2), 2014, 5–12.

Dickinson, Emily, *The Complete Poems of Emily Dickinson*, ed. Thomas H. Johnson (Toronto: Little, Brown, 1961).

Encyclopedia of World Art, vol. 10, ed. Bernard S. Myers (London: McGraw- Hill, 1965).

Freud, Sigmund, "The 'Uncanny' (1919)," in *The Standard Edition of the Complete Psychological Works of Sigmund Freud*, ed. and trans. James Strachey (London: Hogarth, 1955), vol. 17, 217–256.［フロイト『ドストエフスキーと父親殺し／不気味なもの』中山元訳、光文社、二〇一一年］に収録。

Genosko, Gary, *Félix Guattari: An Aberrant Introduction* (London and New York: Continuum, 2002).

———, "Natures and Cultures of Cuteness," *In-Visible Culture: An Electronic Journal for Visual Culture* Issue. 9, Fall 2005. Visual & Cultural Studies Program, University of Rochester.

Giddens, Anthony, *The Transformation of Intimacy: Sexuality, Love and Eroticism in Modern Societies* (Cambridge: Polity Press, 1992).［アンソニー・ギデンズ『親密性の変容』松尾精文、松川昭子訳、而立書房、一九九五年］

Gn, Joel "On the Curious Case of Machine Cuteness," in *The Aesthetics and Affects of Cuteness*, ed. Joshua Paul Dale,

Joyce Goggin, Julia Leyda, Anthony P. McIntyre, and Diane Negra (New York and London: Routledge, 2017).

Goater, Thierry, "An 'Uncanny Revel': The Poetics and Politics of the Grotesque in Thomas Hardy's *The Mayor of Casterbridge*," in *The Grotesque in the Fiction of Charles Dickens and Other 19th- Century European Novelists*, ed. Isabelle Hervouet-Farrar and Max Vega-Ritter (Newcastle upon Tyne: Cambridge Scholars Publishing, 2014), 133–149.

Gould, Stephen Jay, "A Biological Homage to Mickey Mouse," in *The Panda's Thumb: More Reflections in Natural History* (New York and London: W. W. Norton, 1982), 95–107.［スティーヴン・ジェイ・グールド『パンダの親指――進化論再考』桜町翠軒訳、早川書房、一九九六年］

Greenberg, Clement, *Art and Culture* (Boston: Beacon, 1961).

Harries, Karsten, *The Meaning of Modern Art* (Evanston, IL: Northwestern University Press, 1968).［『グリーンバーグ批評選集』藤枝章雄編訳、勁草書房、二〇〇五年］に収録。

Harris, Daniel, *Cute, Quaint, Hungry, and Romantic: The Aesthetics of Consumerism* (New York: Basic Books, 2000).

Hegel, G.W.F., *Phenomenology of Spirit*, trans. A. V. Miller (Oxford: Oxford University Press, 1979).［G. W. F. ヘーゲル『精神現象学』熊野純彦訳、筑摩書房、二〇一八年］

Heidegger, Martin, *Being and Time*, trans. John Macquarrie and Edward Robinson (Oxford: Blackwell, 1962).［マルティン・ハイデッガー『存在と時間』細谷貞夫、筑摩書房、一九九四年］

Hindman, Hugh D., *Child Labor: An American History* (New York: M. E. Sharpe, 2002).

Homer, *The Odyssey*, trans. Robert Fagles (New York: Viking Penguin, 2006).［ホメロス『オデュッセイア』松平千秋訳、岩波書店、一九九四年］

Hume, David, *Private Correspondence of David Hume with Several Distinguished Persons, Between the Years 1761 and 1776* (London: Henry Colburn, 1820).

Ivy, Marilyn, "The Art of Cute Little Things: Nara Yoshitomo's Parapolitics," *Mechademia* 5, (2010), 3–29.

James, Allison, Chris Jenks, and Alan Prout, *Theorizing Childhood* (Oxford: Polity Press, 1998).

Kahn, Charles H., *The Art and Thought of Heraclitus* (Cambridge: Cambridge University Press, 1979).

Kayser, Wolfgang, *The Grotesque in Art and Literature*, trans. Ulrich Weisstein (New York: Columbia University Press, 1981).

Kempe, Ruth S., and C. Henry Kempe, *Child Abuse* (London: Fontana, 1978).

Kinsella, Sharon, "Comments on McVeigh (1996)," *Journal of Material Culture* 2 (3), 1997, 383–387.

———, "Cuties in Japan," in *Women, Media and Consumption in Japan*, ed. Lise Skov and Brian Moeran (Honolulu: University of Hawaii Press, 1995), 220–254.

———, "Minstrelized Girls: Male Performers of Japan's Lolita Complex," in *Japan Forum* 18 (1), March 2006, 65–87.

Kulka, Tomas, "Kitsch," *British Journal of Aesthetics* 28 (1), Winter 1988, 18–27.

———, *Kitsch and Art* (University Park: Pennsylvania State University Press, 1996).

Kundera, Milan, *The Unbearable Lightness of Being*, trans. Michael Henry Heim (London: Faber and Faber, 1985). [ミラン・クンデラ『存在の耐えられない軽さ』千野栄一訳、集英社、一九九八年]

Legge, Elizabeth, "When Awe Turns to Awww: Jeff Koons's *Balloon Dog* and the Cute Sublime," in *The Aesthetics and Affects of Cuteness*, ed. Joshua Paul Dale, Joyce Goggin, Julia Leyda, Anthony P. Macintyre, and Diane Negra (New York and London: Routledge, 2017).

Lorenz, Konrad, "Die angeborenen Formen möglicher Erfahrung," *Zeitschrift Tierpsychologie* 5 1943, 235–409.
———, *The Foundations of Ethology*, trans. Konrad Z. Lorenz and Robert Warren Kickert (New York and Vienna: Springer Verlag, 1981).
———, *Studies in Animal and Human Behaviour*, vol. 2, trans. Robert Martin (London: Methuen, 1971).
May, Simon, *Love: A New Understanding of an Ancient Emotion* (New York: Oxford University Press, 2019).
McVeigh, Brian, "Commodifying Affection, Authority and Gender in the Everyday Objects of Japan," *Journal of Material Culture* 1 (3), November 1996, 291–312.
Miura, Jun, *An Illustrated Guide to Yuru Chara* (Tokyo: Fusosha, 2004).［みうらじゅん『ゆるキャラ大図鑑』扶桑社、二〇〇四年］
Montesquieu, *The Spirit of the Laws*, trans. and ed. Anne M. Cohler, Basia Carolyn Miller, and Harold Samuel Stone (Cambridge: Cambridge University Press, 1989).［モンテスキュー『法の精神』野田良之訳、岩波書店、一九八九年］
Morreall, John, "Cuteness," *British Journal of Aesthetics* 31 (1), January 1991, 39–47.
Murakami, Takashi, ed. *Little Boy: The Arts of Japan's Exploding Subculture* (New Haven, CT: Yale University Press; New York: Japan Society, 2005).［村上隆『リトルボーイ　爆発する日本のサブカルチャー・アート』ジャパンソサエティー・イェール大学出版、二〇〇五年］
Myers, B. R., *The Cleanest Race: How North Koreans See Themselves— And Why It Matters* (New York: Melville House, 2010).
Ngai, Sianne, *Our Aesthetic Categories: Zany, Cute, Interesting* (Cambridge, MA, and London: Harvard University Press,

2012).

Nietzsche, Friedrich, *Beyond Good and Evil in Basic Writings of Nietzsche*, trans. Walter Kaufmann (New York: Modern Library, 1968).［ニーチェ『善悪の彼岸』中山元訳、光文社、二〇〇九年］

———, *The Gay Science*, trans. Walter Kaufmann (New York: Random House, 1974).［フリードリヒ・ニーチェ『喜ばしき知恵』村井則夫訳、河出書房新社、二〇一二年］

———, *Thus Spoke Zarathustra, in The Portable Nietzsche*, ed. and trans. Walter Kaufmann (New York: Viking, 1976).［ニーチェ『ツァラトゥストラはかく語りき』佐々木中訳、集英社、二〇一五年］

———, *Twilight of the Idols, in The Portable Nietzsche*, ed. and trans. Walter Kaufmann (New York: Viking, 1976).［フリードリヒ・ニーチェ『偶像の黄昏』村井則夫訳、河出書房新社、二〇一九年］

———, *The Will to Power*, trans. Walter Kaufmann and R. J. Hollingdale (New York: Vintage, 1968).［ニーチェ『権力への意志』原佑訳、理想社、一九六二年］

Nussbaum, Martha, *Upheavals of Thought: The Intelligence of Emotions* (New York: Cambridge University Press, 2001).

Postman, Neil, *The Disappearance of Childhood* (New York: Delacorte, 1982).［ニール・ポストマン『子どもはもういない』小柴一訳、新樹社、二〇〇一年］

Rousseau, Jean-Jacques, *Confessions*, trans. P. N. Furbank (New York: Knopf, 1992).［ルソー『告白録』井上究一郎訳、河出書房、一九六八年］

Rugg, Whitney, "Kitsch," Theories of Media Keywords Glossary, http://csmt.uchicago.edu/glossary2004/kitsch.htm.

Scruton, Roger, *The Aesthetics of Music* (Oxford: Oxford University Press, 1999).

Sherman, Gary D., and Jonathan Haidt, "Cuteness and Disgust: The Humanizing and Dehumanizing Effects of

Emotion," in *Emotion Review* 3 (3), July 2011, 245–251.
Shōnagon, Sei, *The Pillow Book of Sei Shōnagon*, vol. 1, trans. Ivan Morris (New York: Columbia University Press, 1967).［清少納言『枕草子』］
Solomon, Robert C., "On Kitsch and Sentimentality," *Journal of Aesthetics and Art Criticism* 49 (1), Winter 1991, 1–14.
Sontag, Susan, "Notes on 'Camp,'" in *Against Interpretation and Other Essays* (London: Penguin, 2009), 275–292.［スーザン・ソンタグ『反解釈』海老根宏、川村錠一郎、喜志哲雄訳、筑摩書房、一九九六年］
Sorby, Angela, "'A Dimple in the Tomb': Cuteness in Emily Dickinson," *ESQ: A Journal of Nineteenth- Century American Literature and Culture* 63 (2), 2017, 297–328.
Steig, Michael, "Defining the Grotesque: An Attempt at Synthesis," *Journal of Aesthetics and Art Criticism* 29 (2), Winter 1970, 253–260.
Steinberg, Neil, "The New Science of Cute," *Guardian*, July 19, 2016.
Trattner, Walter I., *Crusade for the Children: A History of the National Child Labor Committee and Child Labor Reform in America* (Chicago: Quadrangle, 1970).
Trilling, Lionel, *Sincerity and Authenticity* (Cambridge, MA: Harvard University Press, 1973).［ライオネル・トリリング『〈誠実〉と〈ほんもの〉——近代自我の確立と崩壊』野島秀勝訳、法政大学出版局、一九八九年］
Waxman, Olivia, "Hello Kitty at 40: Sexist Throwback or Empowering Icon?" *Time*, 31 October, 2014.
Williams, Bernard, *Truth and Truthfulness: An Essay in Genealogy* (Princeton, NJ: Princeton University Press, 2002).
Wiseman, Eva, "Addicted to Cute," *Guardian*, 12 June, 2011.
Withy, Katherine, *Heidegger on Being Uncanny* (Cambridge, MA: Harvard University Press, 2015).

Yano, Christine R., *Pink Globalization: Hello Kitty's Trek across the Pacific* (Durham, NC, and London: Duke University Press, 2013).［クリスティン・ヤノ『なぜ世界中が、ハローキティを愛するのか――〝カワイイ〟を世界共通語にしたキャラクター』久美薫訳、作品社、二〇一七年］

———, "Wink on Pink: Interpreting Japanese Cute as It Grabs the Global Headlines," *Journal of Asian Studies* 68 (3), August 2009, 681–688.

Yasumaro, Ō No, ed. *The Kojiki: An Account of Ancient Matters*, trans. Gustav Heldt (New York: Columbia University Press, 2014).［太安万侶編『古事記』］

Zelizer, Viviana A., *Pricing the Priceless Child: The Changing Social Value of Children* (Princeton, NJ: Princeton University Press, 1994).

訳者あとがき

英語の「Cute（キュート）」という言葉はおおむね、「かわいい」と訳される。たしかに本書の中でもキュートの例として頻繁に取り上げられているハローキティやミッキーマウスはまさに「かわいい」の権化で、それに関しては誰も異論をはさむことはないだろう。自分の部屋や持ち物をキティちゃんやミッキーマウス、くまのプーさんのキャラクターグッズで埋め尽くしているという話は珍しくないし、地方の土産物屋でご当地キティのキーホルダーや文具を見かけることもしょっちゅうだ。それほどに、この手のかわいいキャラクターたちは絶大な魅力で幅広い層の人々の心をつかんでいる。なるほど、では本書はたんに、そういう幅広いファン層を夢中にさせるかわいいキャラクターが持つ力について論じた本なのかと思いがちだが、話はそう単純ではない。

一九世紀－二〇世紀のドイツ哲学が専門の著者はまず、キュートなものと彼らを愛する私たちのあいだの力関係について論じはじめる。「え？　私たちが、ミッキーマウスやキティちゃんを愛し、グッズを集めているわけだから、強いて言うなら私たちのほうが彼らよりも力は上でしょ」と思ってしまうが、どうやらそれは早計らしい。相手を操る力を持っているのは、キュートなものなのか、それともキュートなものに熱を上げる私たちのほうなのか。著者は、私たちがなぜキュートなものたちに惹かれ、それらが私たちをどう操るのかを、動物行動学や哲学的視点から丹念に解説していく。

また、キュートを「かわいい」という日本語にしなかった点も、本書を読み進めればおわかりいただけると思う。著者は、ハローキティから金正日、トランプまで、幅広い例を挙げてキュートを語る。著者の定義するキュートはたんにかわいいだけでなく、かわいさと不気味さを併せ持つ存在も含むため、金正日やトランプもそのカテゴリーに入ってくるからだ。そしてキュートという言葉でひとくくりにされる彼らは、いい意味でも悪い意味でも、同じ種類の力で人々を惹きつける。

だが、日本人の私たちにすれば、ハローキティは文句なしにかわいくても、トランプをかわいいと呼ぶのはかなりビミョーだし、金正日となるとどこがかわいいのかもわからない。キモかわいいという言葉もあるが、トランプや金正日はその範疇にも入らない。つまり、キュートは日本語のかわいいでは表現しきれない感性なのだ。

このように一言では表現できないこのキュートという感性の深層を著者はていねいに分析していくが、二〇〇〇年に一年間、東京大学の客員教授として日本に滞在した著者は日本の「かわいい」文化にも造詣が深い。そんな彼が語るかわいい文化の爆発的流行とそれがこの日本で起こった歴史的理由、というよりもそれが日本で起こった必然性についての分析は極めて興味深い。

ロンドン大学キングスカレッジの客員教授で、ショーペンハウアー、ニーチェ、ハイデッガーなど一九–二〇世紀のドイツ哲学が専門の哲学者である著者は本書で、キュートやそれと同様の「不気味」、「グロテスク」といった感性を歴史的に振り返りつつ、キュートが映し出す現代という時代の精神を哲学的にあぶり出していく。キュート!といういかにも軽そうなテーマが哲学的に語られることはそうそうないが、彼が目指したとおり、ばかげたことを大真面目に、大真面目なことを軽やかに語った本書を、読者もぜひお楽しみいただきたい。

本書は、二〇一九年にプリンストン大学出版局から出版された*The Power of Cute*の全訳である。本書が、こうして形になるまでには青土社の本田英郎氏にたいへんお世話になった。この場を借りて、心より感謝申し上げたい。

吉嶺英美

索引

著者＝**サイモン・メイ** Simon May

一九五六年生まれ。ロンドン大学キングス・カレッジの哲学の客員教授。二〇〇〇年から一年間、東京大学哲学科の客員教授として日本に滞在。著書には、哲学分野の著書のほか、エッセイに『日本退屈日記――日本の凋落と再生』（麗沢大学出版会）がある。

訳者＝**吉嶺英美**

翻訳家。サンノゼ州立大学社会学部歴史学科卒業。訳書にエリック・バーコウィッツ『性と懲罰の歴史』（共訳・原書房）、マイク・ティッドウェル『アマゾンの白い酋長』（翔泳社）などがある。

「かわいい」の世界――ザ・パワー・オブ・キュート

二〇一九年一二月二〇日　第一刷印刷
二〇一九年一二月二四日　第一刷発行

著者　サイモン・メイ
訳者　吉嶺英美

発行者　清水一人
発行所　青土社
〒一〇一―〇〇五一　東京都千代田区神田神保町一―二九　市瀬ビル
［電話］〇三―三二九一―九八三一（編集）
〇三―三二九四―七八二九（営業）
［振替］00190-7-192955

装幀　松田行正＋倉橋弘
印刷・製本　ディグ

ISBN978-4-7917-7235-3　C0010